한국 최초 **애니멀커뮤니케이터**에게 배우는 **동물 교감법**

너의 마음이 궁금해

한국 최초 애니멀커뮤니케이터에게 배우는 **동물 교감법**

너의 마음이
궁금해

초판 1쇄 발행 2012년 8월 1일
초판 7쇄 발행 2017년 9월 31일

지은이 박민철
펴낸이 연준혁

출판 2본부 이사 이진영
　6분사 분사장 정낙정
디자인 김준영

펴낸곳 (주)위즈덤하우스 미디어그룹　출판등록 2000년 5월 23일 제13-1071호
주소 경기도 고양시 일산동구 정발산로 43-20 센트럴프라자 6층
전화 031)936-4000　팩스 031)903-3891
홈페이지 www.wisdomhouse.co.kr

ⓒ박민철, 2012
값 13,000원　ISBN 978-89-5913-695-7　13320

*잘못된 책은 바꿔드립니다.
*이 책의 전부 또는 일부 내용을 재사용하려면 사전에 저작권자와
(주)위즈덤하우스 미디어그룹의 동의를 받아야 합니다.

이 도서의 국립중앙도서관 출판시도서목록(CIP)은 e-CIP홈페이지(http://www.nl.go.kr/ecip)와
국가자료공동목록시스템(http://www.nl.go.kr/kolisnet)에서 이용하실 수 있습니다.
(CIP제어번호: CIP2012003322)

한국 최초 **애니멀커뮤니케이터**에게 배우는 **동물 교감법**

너의 마음이 궁금해

박민철 지음

예담

차례

프롤로그
동물과 사람이 더불어 행복한 세상을 꿈꾸는, 나는 동물교감사입니다 008

 **#01 교감의 첫걸음은, 존중입니다**

과연 동물과 대화하는 게 가능할까? 014
사랑하면 연인의 마음을 아는 것처럼 · 교감은 동물과 주파수를 맞추는 일

나를 키운 건 8할이 동물 019
동물이 벗이고 가족 같았던 어린 시절 · 교감은 동물의 시선과 입장에서

다르다는 걸 아는 게 시작이다 025
지능의 기준은 무엇일까? · 똘똘 뭉치는 협동심은 한 수 위 · 동물도 사랑과 배려심이 충만하다

한 어미의 자식도 아롱이다롱이 035
동물도 사람처럼 성격이 각양각색 · 성격에 따라 행동의 의도가 다르다

 #02 동물을 잘 알수록, 제대로 사랑할 수 있습니다

난 동물을 잘 기르고 있는 걸까? 042
동물은 모든 진동에 민감하다 · 잦은 스킨십 No, 노는 데도 원칙이 필요하다
전기선만 보면 물어뜯는 까닭

동물은 주인을 닮는다 051
동물 앞에서 한숨을 지으면 안 되는 이유 · 반려자의 마음도 느낀다
반려자가 흥분하면 동물도 흥분한다

동물도 사람처럼 꾸미는 걸 좋아할까? 059
목욕은 최대한 빨리 그리고 즐겁게 · 털과 발톱에 대한 생각 차이

동물에게 화장실은 향수다 066
화장실 물은 곧 새 물 · 천둥과 번개 없는 안전한 곳

동물을 위한 집안 인테리어는 따로 있다 070
모서리와 격자무늬 공포증 · 익숙지 않은 색의 대비와 반사광 · 좁고 폐쇄적인 은신처는 필수

훈련 No, 학습 Yes 078
맞벌이부부를 위한 동물 식사 학습법 · 촐싹대는 동물 산책시키기 · 침대에 볼일을 보고 옷을 물어뜯을 때 · 초인종 소리만 나면 짖는 개 · 아빠만 보면 으르렁 컹컹 아무리 불러도 은신처 안에서 꼼짝 안 한다면 · 소리 지르지 말고 신문을 펴라 신혼부부에게 아기가 생겼더라도

주사 접종시 꼭 기억할 것 096
문진 없이 주사를 놓지 않는다 · 주사가 스트레스가 되지 않으려면

이사와 이동 스트레스 100
이사 후 혼란스럽지 않으려면 · 동물을 데리고 새집 답사하기

할 말이 많은 사료와 가정식 105
토토가 세상을 떠난 이유 · 사료가 결코 최선은 아니다 · 소금기를 주의할 것

변을 안 가리는 고양이, 못 가리는 개 111
모래의 입자는 굵지 않게 · 화장실의 위치는 은밀한 곳에 · 개의 성향에 따라 화장실 위치를 달리하라

동물이 변을 먹는 괴기반응은 왜? 118
반려자에게 혼날까봐 혹은 고마워서 · 위험하기 전에 고쳐야 한다

몸도 마음도 아픈 유기동물을 키울 때는 122
마음의 치유를 통한 심리안정부터 · 나빠진 건강 가정식으로 회복시키기

동물은 사람보다 먼저 죽는다 132
장례의식이 중요한 건 아니다 · 성숙한 이별 후에 새로운 사랑을

#03 동물 교감, 누구나 할 수 있습니다

제발 내 이야기를 들어주세요 142
왜 하라고 해놓고 나무라는 걸까? · 엄마랑 직접 대화할 순 없나요?

교감은 사랑이고 과학이다 147
휴대폰 통화의 원리, 교감 · 심장을 느끼면 절로 교감이 되는 이유 · 동물의 심장과 내 심장을 가까이

교감 실전, 심장박동을 느껴라 154
교감을 위한 최적 환경 조성하기 · 초보자일수록 사진교감이 좋다 · 메시지를 송신하고 수신하기

교감의 촉매제, 음악과 운동 162
4분의 4박자 음악과 심장리듬 · 심장이 뛰는 걸 확실히 느끼려면

생활습관만 고쳐도 교감이 빨라진다 166
하이힐보다는 운동화를 · 금속, 전자제품을 멀리하라 · 살아있는 자연식으로 에너지 Up

동물의 언어, 어떻게 해석할까? 170
동물이 이야기를 건네는 방식 · 되질문으로 답 유도하기 · 교감일까, 잡념일까 투감 그 자체에 몰입하라 · 비유법을 쓰는 동물이라면

이런 질문은 피하라 183
질문의 원칙 · 부정어 대신 긍정어

몸의 이상증상에 놀라지 말자 187
가슴에 전류가 모이면 몸도 반응한다 · 명상으로 호흡이 길어져도 느끼는 것들

또 다른 교감법들 190
이미지를 상상하라 · 풀숲에 숨어버린 아롱이 찾기 작전 · 하늘로 가기 전, 레인이와의 교감 · 트랜스 커뮤니케이션이란? · 무와 칫솔은 바로 동동이의 이빨 · 꿈을 꿀 때까지 계속 시도하라 · 강아지 딸기가 원하는 건 잘생긴 배우?

애니멀커뮤니케이터가 되고 싶은 이들에게 208
야생의 동식물을 관찰하라 · 교감 실력에 대해 조급해하지 않는다 · 반려자와의 교감능력도 중요하다

#04 동물을 살리는 일은, 지구를 살리는 일입니다

100% 비건이 되지 않아도 좋다 216
육식 소비량을 조절하면 좋은 점 · 인디언들이 동물을 대하는 방식처럼

동물 유기와 학대 관련법에 대하여 222
동물 유기, 이제 법으로 막는다 · 등록제 시행 중 꼭 개선되어야 할 것들 · 반려의 진정한 의미

동물실험이 연구법의 최선일까? 228
동물실험이 반드시 사람을 살리진 않는다 · 소비자들의 선택이 동물을 살린다

동물의 위기는 곧 인간의 위기이다 233
펭귄을 박물관에서만 보게 될 수도 · 결국 답은 동물에게 있다

에필로그
받은 만큼 돌려주는 사랑, 바로 동물의 사랑입니다 238

 프롤로그

동물과 사람이 더불어 행복한 세상을 꿈꾸는, 나는 동물교감사입니다

어릴 때부터 동물과 함께 산 어린이는 성인이 되었을 때, 그렇지 않은 아이들보다 훨씬 더 다정다감하고 배려 깊은 사람이 된다는 연구 결과가 있습니다. 부모가 모두 일터로 떠난 후, 혼자 남아 게임을 하는 아이보다, 동물과 함께 뺨을 부비고 뒹굴며 노는 아이들이 더 정서적으로 안정되고 풍요로울 수 있단 뜻이겠지요. 동물학자인 알폰스 투스넬 역시, "신은 먼저 인간을 만드셨다. 그리고 인간의 약함을 보시고, 그들에게 반려견을 내려주셨다"라고 말했습니다.

동물이야말로 살아가면서 서로 상처주고 상처받느라 지치고 외로운 현대인의 마음을 말없이 온기로 채워주는 존재 아닐까요? 실제로 그들을 감싸 안을 때 사람의 혈압은 안정됩니다. 동물은 이제 우리가 돌봐주는 대상에서 더 나아가, 함께 한 집에서 동고동락하는 가족입니다.

그런데 우리는 그들의 마음을 잘 알고 있을까요? 우리가 받은 만큼, 그들에게 따뜻한 온정을 베풀고 있을까요? 그들이 원하는 걸 정확히 알아야, 제대로 된 사랑이라 할 수 있을 텐데 말입니다.

"우리의 동료 피조물들에 대한 가장 나쁜 죄는 그들을 미워하는 것이 아니라, 그들에게 무관심한 것이다."

영국의 유명한 극작가 조지 버나드 쇼의 말입니다. 제가 수많은 반려동물과 교감을 하면서 가장 많이 들은 말과 참 비슷합니다.

"우리의 행동을 잘 관찰만 해도 알 수 있는데, 왜 우리 가족은 잘 모를까요?"

동물들의 마음을 알고 싶지 않나요? 왜 갑자기 안 하던 행동을 하는지, 왜 이유 없이 식음을 전폐하고 시름시름 앓는지, 반려자들은 당황해하고 궁금해합니다. 그런데 동물들에겐 다 그렇게 행동할 수밖에 없는 딱한 사정들이 있답니다.

동물 교감은 그들의 마음을 잘 이해하기 위해 그들의 말을 귀 기울여 듣고, 반려자와 반려동물이 더불어 행복하게 살아가도록 도와주는 일종의 통역입니다.

남녀도 열렬히 사랑하여 가정을 꾸렸음에도, 살아온 환경이 다른 까닭에 서로 어울림을 이루는 데 꽤 오랜 시간이 필요합니다. 같은 언어를 사용하는데도, 워낙 생각하고 이해하는 방식이 달라서 화성의 언어와 금성의 언어라는 말도 있지요. 하지만 불협화음이 있을 때마다 마음을 열고 끊임없이 대화를 시도한다면, 결국 가족이라는 이름으로 더 단단하고 아름다운 울타리를 만들 수 있을 겁니다.

그렇다면 동물과는 어떻게 해야 할까요? 우리는 그들과 신체구조도 뇌구조도 다르고 기본적인 습성도 다른데 말입니다. 사랑이란 일방통행이 아닌, 쌍방통행이라는 말은 동물과의 관계에 더 적용됩니다. 그들의 행동과 신체 반응을 살펴 그들이 겪는 고충을 알아야 할 필요가 있습니다.

어렵지 않냐구요? 동물에 대한 지속적인 관심과 제대로 된 사랑이 있으면 충분히 시작할 수 있습니다. 자녀를 온전하게 사랑하기 위해서는 그들의 눈높이에 맞는 이해가 필요하듯이요. 그러면 누구나 동물과 교감을 할 수 있답니다. 저 역시 특별한 교감 능력을 타고난 사람이 아니라, 그저 아주 어릴 때부터 동물과 오랜 시간을 함께 하면서, 그들의 습성을 조금 더 이해하게 된 것뿐입니다 지금도 역시 그들과 24시간 함께 하며 그들을 알아가기 위해 노력중인 사람입니다.

〈개와 나의 10가지 약속〉이란 일본 영화에서 강아지 삭스는 반려자에게, 자기와 함께 살기 위해 꼭 알아야 할 10가지를 정해주는데요. 그 중 하나는 바로 "나에게도 마음이 있다는 걸 잊지 말아주세요"였습니다.

지금부터 그들의 마음에 귀 기울이는 일, 즉 동물 교감법을 독자 여러분에게 소개하고자 합니다. 어렵고 뜬 구름 잡는 교감법이 아닌, 아주 간단한 원리를 통한 쉬운 교감법과 동물의 언어를 해석할 수 있는 방법들입니다. 그리고 이 방법들은 대부분 교감 중에 동물들이 제게 직접 알려준 것들이랍니다. 그리고 거기에 오랫동안 제가 동물 관련 행동학을 공부하면서 이해하게 된 결과물을 덧붙였습니다.

모쪼록 이 책을 통해 동물을 사랑하는 반려자들과 반려동물들이 더 사랑하며 살 수 있게 되길 바랍니다.

#01
교감의 첫걸음은,
존중입니다

과연 동물과 대화하는 게 가능할까?

"직업이 무엇인가요?"
"동물 교감사, 애니멀커뮤니케이터입니다."

내가 이렇게 말하면, 어떤 이들은 고개를 재끼고 크게 웃는다.
"에이, 설마요."

나는 그동안 참 오해를 많이 받은 사람이다. 동물과 대화를 하는 사람이라니, 동물도 사람의 언어를 가졌다니, 그거 참 말도 안 된다는 거다. 그리고는 슬며시 이렇게 묻기도 한다. "혹시 신 내림을 받은 건가요?"라고.

"길에서 데려오신 강아지인가요? 지금 정서적으로 몹시 두려운 상태예요. 아마 반려자를 만나기 전에 작은 교통사고가 있었던 것 같아요. 그래서 발목이 많이 아프다고 말하네요. 빨리 치료를 해주셔야 합니다."

심지어 반려동물에게 문제가 있어 나를 찾아온 고객조차도 내가 동물과의 교감 결과를 이렇게 얘기해주면 반신반의하며 묻는다.

"유기견인 건 맞는데……, 어떻게 맞추셨어요? 혹시 그냥 아이의 눈빛이 떨리고, 다리를 살짝 저는 모습을 보고, 추측하시는 게 아닌지……."

충분히 이렇게 말할 수 있다. 누구든 감으로라도 동물의 눈빛을 보면, 그 정서상태가 느껴질 것이고, 다리를 절룩거리는 건 명백히 눈에 보이는 현상이니, 아마도 교통사고를 당하지 않았을까 추측하는 것이라고 생각할 수 있다.

"그것보다 지금 바로 병원에 데려가 보세요. 그러면 왜 이제야 데려왔느냐고 할 테니까요."

😺 사랑하면 연인의 마음을 아는 것처럼

동물과 대화를 한다는 것은 어떻게 보면 아주 간단한 원리이고, 어떻게 보면 상당히 복잡한 원리이다. '연인의 마음을 어떻게 아시나요?'라는 질문에 '사랑하니까'라고 말하는 것처럼 동물에 대해서도 이 같은 1차적인 답을 할 수 있다. 《나의 문화유산 답사기》에서 유홍준 교수가 언급한 "사랑하면 보이고, 보이면 알게 되나니, 그때 보이는 건 예전 같지 않더라"라는 말은 동물에도 해당되는 말 같다. 동물을 사랑하고 관심을 기울이면, 그렇지 않은 사람보다 더 느껴지는 게 많다. 물론 단순히 느끼는 것만 가지고 '대화'라고 말할 수는 없겠지만, 그것만으로도 대화의 물꼬는 틀 수 있다. 상대방에 대한 관심이 있어야 그의 말에 집중할 수 있는 것처럼.

동물 역시 사람처럼 사물을 보면 느끼고 기억할 줄 안다. 대게 사람의 정보란 시각에 많이 의존되어 있다. 우리는 사물을 눈으로 보고 판단하는 데 익숙해져 있기 때문이다. 하지만 실제로 시각이 사물을 판단하는 절대적인 잣대는 아니다.

여기 사과 하나가 있다고 가정해보자. 물론 가장 먼저 눈에 보이는 건 사과의 색깔과 모양일 터. 그리고 어떤 이들은 달콤새큼한 맛이 떠올라 입안에 침이 고일 것이다. 사과를 손에 쥐면 부드러움이 느껴질 것이고, 한 입 베어 물면 아삭아삭한 소리와 함께 입 안에 사과향이 가득 퍼질 것이다.

동물 역시 사물을 오감으로 감지할 줄 안다. 어제 먹은 딸기가 맛있었다면, 다음날 또 달라고 냉장고 앞을 기웃거린다. 딸기의 모양, 색깔, 맛 등을 기억하고 있기 때문이다. 그러므로 그들이 비록 사람의 말은 구사하진 못해도 그들의 머릿속에 저장된 오감을 우리는 느낄 수 있다. 바로 투감透感이다.

🐾 교감은 동물과 주파수를 맞추는 일

제3장에서 구체적인 교감법을 소개하겠지만, 교감은 동물과 주파

수를 맞추는 일이다. 동물의 지능, 특히 많은 이들이 집에서 반려동물로 키우는 개의 경우, 사람으로 치면 세 살 정도 수준이라고 한다. 뇌과학에서는 흔히 '어린 아이들의 뇌는 닫힌 상태가 아니다'라는 표현을 쓴다. 성인처럼 고등정보를 익히고 판단하는 대뇌변연계가 발달하지 않았기 때문이다. 동물 역시 어린 아이들과 똑같다. 사람처럼 복잡한 정보를 익힐 일이 없고, 메모하는 일도 없다. 그래서 뇌에서 나오는 파장이 항상 가수면 상태인 세타파를 유지한다. 그리고 이것은 그들의 몸에서 가장 전류량이 많은 심장의 파동과 일치한다. 사람이 집중과 호흡을 통해 그들과 주파수를 맞추면 채널링(교신), 즉 교감이 되는 것이다.

그러니 동물을 사랑하는 사람이라면, 몸이 건강한 사람이라면 누구나 교감이 가능하다. 물론 정도의 차이는 있겠지만, 마치 운전 면허 시험을 위해 제대로 공부를 하면 운전을 할 수 있는 것처럼, 동물 교감도 그렇다는 뜻이다.

나를 키운 건 8할이 동물

사진작가인 부모덕에 아프리카에서 나고 자란 어린 소녀 티피는, 아프리카의 야생동물들과 친구처럼 스스럼없이 지냈다. 남들은 무서워하는 독사를 거리낌 없이 목에 두르고 개구진 표정을 짓거나, 표범 품에서 쌔근쌔근 잠들기도 했다. 이 귀여운 소녀는 어린 시절부터 동물들과 함께 자란 덕에 저절로 그들과 어울려 살 수 있었고 대화까지 가능했던 것이다. 티피의 부모는 그런 아이의 모습을 사진으로 담아 책으로 냈고, 반응은 폭발적이었다.

침팬지의 어머니이자 침팬지 박사인 제인 구달 역시 스무 살 때부터 아프리카로 건너가 침팬지들과 무려 40년 동안 동고동락했다. 그녀는 이제 침팬지들의 눈빛만 보아도 그들이 무엇을 원하는지 알 수 있다. 심지어 동물 사랑과 지구 환경 보호 실천을 위해 전 세계를 누

비면서 강단에 서는 그녀의 첫 인사는, 바로 침팬지가 입에서 내는 소리들이다.

"끽끽끽."

🐾 동물이 벗이고 가족 같았던 어린 시절

나에게 어떻게 동물 교감사가 되었느냐고 묻는 이들이 많다. 그럴 때마다 나는 그냥 머쓱해하며 대답한다.

"그냥 동물과 함께 먹고 자고 뒹굴다 보니 그렇게 됐습니다."

나는 경북 양남면 환서리라는 깡시골에서 태어났다. 아버지께서 생계유지를 위해 사우디아라비아로 가신 까닭에, 어머니께서 할머니 댁으로 들어와 나를 낳으신 것이다.

기억 속의 할머니 댁 마당은 한마디로 동물의 왕국이었다. 한쪽에선 강아지들이 컹컹대고, 겁도 없이 강아지를 향해 폴짝 뛰어든 개구리는 안타깝게도 놀잇감이 되곤 했다. 그리고 그 곁으로 날아든 참새가 강아지밥을 나누어 먹는가 하면, 수탉들이 사납게 꼬꼬댁거리며 마당 한가운데를 질러가는, 하루도 조용할 날이 없는 그런 풍경.

어디 그뿐인가. 툇마루 아래에 놓인 댓돌을 들어보면 그 아래에 뱀이 똬리를 틀고 있었다. 호기심에 내가 뱀을 잡으려 하면 할아버지께서는 단호히 말씀하셨다.

"집신이다. 건드리지 말거래이."

할머니께서는 물고기도 잡아드실 생각은 안 하고, 큰 대야에 풀어두고 키우셨다. 할아버지 역시 두더지에게 밥을 주시고, 야생 꿩을 잡아다가 마당에서 기르셨다. 그렇게 각종 동물들은 우리와 어울려 사는 존재였다. 나 역시 꼬마 티피처럼 뱀을 만지작거리며 목에 걸고 다녔으며, 두더지를 손바닥 위에 얹어놓고 놀았다. 마땅한 동무 하나 없던 내게 동물들은 벗이자 가족이었던 것이다.

지금 와서 생각해보면, 그때부터 나는 동물과 교감이 되었던 것 같다. 아니, 그때가 어쩌면 동물과 보낸 가장 다정한 한때였는지도 모르겠다. 친구도 없는 내 이야길 가장 잘 들어주는 이들이 바로 동물이었으니까. 또한 사리 판단이나 계산을 잘 할 줄 모르는 순수한 어린 아이야 말로 교감을 잘 할 수 있는 최적의 조건을 갖췄기 때문이다.

환경과학자이자 야생생물학자, 그리고 동물 의사 소통자인 마타 윌리엄스는 동물과의 대화에 대해, "문명 이전의 언어를 사용하는 일"이라고 말했다. 그 말은 이성을 작동시키기 이전의 본능적인 감각을 뜻하는 것일 게다.

지금도 나는 가끔 귀마개와 안대를 낀 채 걸어 다니는 연습을 한다. 더 이상 검정고무신을 신고 논두렁을 뛰어노는 시골 아이가 아닌 나는, 어쩔 수 없이 눈으로 본 것 위주로 세상을 판단하고 이해한다. 그래서 가끔은 인위적으로라도 이것들을 차단하고 싶은 것이다. 생각을 멈추고 오감을 열지 않으면, 그들과의 교감이 불가능하기 때문이다.

🐾 교감은 동물의 시선과 입장에서

본격적으로 동물 교감을 한 지 어느덧 10년이 되어간다. 동물의 심리나 행동패턴에 대해 공부를 하기도 했지만, 지금 내가 이 책에 풀어놓는 것들은 대부분 동물들이 내게 가르쳐준 것들이다.

불과 몇 년 전만 해도, 나는 고객이 상담을 의뢰한 동물에게서 하나의 메시지를 받는 데까지, 무려 한 달씩이나 걸리는 한심한 교감사였다.

"아직 우리 강아지랑 얘기가 안 통한 건가요?"

고객들은 재촉했고, 나는 머리를 쥐어뜯어야 했다.

'좀 더 빨리 대화를 할 수는 없을까?'

고민하는 내게 머리 좋기로 유명한 한 앵무새가 얘기했다.

"대화하는 시간대를 잘 선택해야 해요. 우리는 사람과 생활패턴이 다르잖아요."

"그렇구나, 너희들이 한가한 시간이 언제지?"

"참, 아저씨도 답답하네요. 저희는 아침에 엄마가 돈 벌러 나간 후에 심심하잖아요. 그리고 저녁에 엄마가 집에 돌아와 놀아준 후 잠들어버리면, 그 이후에도 심심하구요."

"아하, 그렇구나."

그러니까 동물들이 한가한 시간 즉 반려자가 출근한 이후나 반려자가 잠든 밤에 교감을 시도하면 동물도 제법 집중을 잘 하니, 수신이 빠르다는 거였다. 특히 그들의 야생본능에 따라, 밤 10시에서 새벽 4시

사이에 특히 잘 된다고 했다.

앵무새가 알려준 또 하나의 교감법은, 교감을 다 하고 난 후엔 꼭 채널 차단을 하라는 거였다. 그것은 마치 내 몸에 하나의 방어벽을 치듯 상상을 하면서, 동물과 맞추어놓은 채널을 다시 외부세계로 돌리는 걸 의미했다. 그렇게 하지 않으면 시시때때로 그들의 말이 들려와 일상생활에 방해가 될 수 있으니 말이다.

"너무 고맙구나."

"별말씀을요. 참, 말에게 물어보면, 더 구체적인 정보를 알려줄 거예요."

"말? 왜지?"

"유독 사람과 친하니까요. 아주 오래전부터 사람을 태우고 다녔잖아요."

나는 재빨리 말을 찾아가 도움을 요청했다.

"안녕, 나는 너희들과 대화를 할 수 있는 사람이야. 나를 소개하자면……, 그러니까 내가 궁금한 게 있는데, 너희들하고 좀 더 쉽게 대화를 하려면 어떻게 해야 하는지 알려주면 고맙겠어."

"어휴, 아저씨는 마치 사람에게 질문하듯 하고 있네요. 그렇게 길게 이야기하면 우리들은 잘 못 알아듣는다구요. 우린 사람하고 달라요."

말의 얘기에 따르면, 사람의 한 시간은 동물에게 20분이었다. 즉 우리는 십진법, 그들은 이진법의 세계에서 살고 있는 것이다.

"우리는 길어야 30분, 짧게는 몇 초간 밖에 집중을 못해요. 심지어 사람이 집에서 키우는 동물들은 길어야 5분~10분 정도예요."

그러니까 나처럼 한꺼번에 여러 가지를 물어보는 건 그들 입장에선 무척 정신이 어질어질한 일이었다. 한 번에 한 개씩, 그것도 아주 짧은 문장으로 질문해야 그들이 쉽게 이해할 수 있었다.

나중에 알고 보니, 외국의 유명한 애니멀커뮤니케이터들 역시, 가장 먼저 말이나 소와 대화를 했다고 한다. 마땅한 동물 행동학 책 하나 보지 못했던 내게, 동물들이야말로 최고의 스승이었던 셈이다.

다르다는 걸 아는 게 시작이다

 문명 속에서 살고 있는 우리들은 사람이 동물을 '대하는' 것이 정상이라고 생각한다. 그런데 역지사지라고, 동물의 입장에서 생각해보면 어떨까?

집에서 고슴도치 두 마리를 키운 적이 있다. 사람으로 치면 중년에 가까운지라 아줌마와 아저씨라고 불렀는데, 특히 아줌마와 나는 각별히 친했다.

"아줌마가 볼 때 우리 인간들 어때요?"

"너희 인간들은 왜 그렇게 자만하는 거야?"

아줌마의 얘기인즉슨, 도대체 얼마나 자신만만하기에 자기들처럼 가시 옷도 안 입고 외출을 하느냐는 거였다. 털도 없는 나의 맨몸을 보곤(그들의 시력으론 미세한 털은 보이지 않는다) '피부병에 걸린 건 아니냐?'라며 걱정스레 묻기도 했다.

"아줌마, 우린 가시 옷이 필요 없어요. 우리는 똑똑하거든요. 도구도 사용할 줄 아는데?"

마치 으스대듯 잘난 척하는 내게 아줌마가 툭 던진 한마디는 참으로 여러 가지를 생각하게 했다.

"그래도 내 눈에는 안쓰럽기만 하다."

도구를 쓸 정도로 똑똑하다고 말해주었건만, 안쓰럽다니! 결국 그들과 우리가 중요하게 생각하는 것이 전혀 다르다는 뜻 아닌가. 이것이 바로 입장 차이였던 것이다.

🐾 지능의 기준은 무엇일까?

'저런 새대가리 같은' '붕어만도 못한, 쯧쯧' …….

우리가 흔히 동물을 빗대어 쓰는 말에는 철저히 동물이 사람보다 하등하다는 걸 전제하고 있다. 하지만 동물학자들은 '단지 살아가는 행동양식이 다를 뿐'이라고 말한다. 집에서 기르는 강아지는 후각 능력이 사람보다 십만 배에서 백만 배 이상 뛰어나다. 우리는 우리 몸에 암세포가 퍼져나가는 것을 병원에 가서 CT나 MRI 촬영을 해봐야 알 수 있지만, 동물들은 냄새만으로도 알 수 있을 정도이다.

"우리 할아버지 몸에서 고깃덩이가 썩고 있어요. 빨리 병원에 가라고 해주세요."

한 고객이 키우는 강아지와 대화를 하다가 이런 말을 들은 적이 있다. 고깃덩이란 단백질을 말하는 것이고, 이는 암세포를 의미한다는 생각이 퍼뜩 들었다. 사실이라면 사람의 생명이 달린 일 아니겠는가. 나는 즉시 의뢰인에게 전화를 걸었다.

"혹시 아버님 건강이 어떠신가요? 강아지가 자꾸 할아버지 건강 이야기를 하는데⋯⋯."

"저희 아버지요? 걱정 마세요. 얼마 전에 검진 받으셨는데, 정상으로 나왔거든요."

"속는 셈치고 큰 병원에 다시 가보세요. 꼭 그래야 할 것 같습니다."

그리고 며칠 후, 할아버지는 큰 병원에서 다시 검진을 받으셨고, 위암 초기 진단을 받았다. 다행히 초기라 수술로 말끔히 치유될 수 있었다. 성질이 못된 강아지라면 이럴 때 이렇게 말했을지도 모르겠다.

"인간들은 왜 이렇게 아둔한가요? 자기 몸에서 썩는 냄새가 진동하는데, 그것도 모르고 하하 호호 웃고만 있다니요."

이쯤 되면 지능의 기준이란 게 과연 무엇일까, 하는 생각이 든다.

돌고래가 먹잇감과 짝짓기를 위해 대이동을 할 수 있는 이유는, 이들이 지구자기장을 감지해내는 능력이 있기 때문이다. 한마디로 천리안인 것이다. 돌고래를 기준으로 사람의 지능을 측정한다면, 한 치 앞도 제대로 보기 어려운 사람은 참 바보 같은 존재일지 모른다.

🐾 똘똘 뭉치는 협동심은 한 수 위

"끼륵끼륵."

어릴 때, 종종 하늘에서 들려오던 기러기 소리는 어린 나의 고막을 울릴 만큼 컸다. 한 마리가 아닌 수십 마리가 함께 줄지어 이동하면서 합창이라도 하듯 소리를 냈기 때문이다.

어떻게 저렇게 질서정연한 V자 대형으로 움직일 수 있는지, 어린 마음에 너무 놀라워 한참동안 하늘을 올려다보곤 했던 기억이 난다. 그런데 나중에 그 이유를 알게 되었다. 그들은 그렇게 무리지어 날면, 각자의 기력보다 더 오래 날 수 있다는 사실을 스스로 알았다. 앞줄의 새들은 날갯짓으로 뒤따르는 새들에게 상승기류를 만들어주어, 더 수월하게 날 수 있도록 이끌어주는 리더인 셈이다. 또 그렇게 무리지어 날면, 바람의 저항을 덜 받아 서로서로 덜 지치게 된다. 물론 맨 앞의 기러기들이 먼저 지치기 때문에 그들은 종종 자리에 변화를 준다고 한다.

목이 아플 법도 하건만 이동하는 내내 끼륵끼륵 큰소리를 내는 이유는, 동지들에게 '힘내'라는 응원의 메시지를 전하기 위해서였다. 우리가 줄다리기를 할 때, 서로 박자를 맞추고 힘을 응집시킴과 동시에 서로의 기를 북돋아주기 위해 '영차, 영차' 하는 것과 같다.

또 그렇게 무리지어 날면, 몸이 아프거나 문제가 생긴 새가 있는지 쉽게 파악할 수 있다. 이처럼 뛰어난 동료애로 똘똘 뭉쳐 이동하는 게 바로 기러기 떼였다.

그리고 나는 세 살 때부터 할머니의 막걸리 심부름을 자주 다녔다. 어린 아이 걸음걸이로 30분을 걸어가면, 점방 할머니께서 기특하다며 과자 한 봉지를 손에 쥐어 주셨는데, 그 맛에 참 먼 거리를 잘도 다녔던 것 같다. 그런데 돌아오는 길은 어찌나 고된지, 잠시라도 쉬지 않곤 못 배길 것 같았다. 그래서 냇물이 졸졸 흐르는 다리 위에 걸터앉아 과자를 먹곤 했는데, 어떻게 귀신같이 냄새를 맡았는지 개미 떼들이 줄지어 나타나 큰 과자 부스러기를 서로 힘을 합쳐 짊어지고 나르기 시작하는 것이다.

동물들의 협동심과 질서정연함이 사람 이상이란 걸 나는 어릴 때부터 눈으로 직접 보고 느꼈다. 그래서 당연히 사람들도 동물처럼 그렇게 사는 줄 알았는데, 도시에 나와 보니 동료애는커녕, 이웃에 누가 사는지조차 관심 없어 보였다. 하나 되어 똘똘 뭉칠 줄 아는 마음과 동료를 생각하는 마음은, 아무리 생각해도 사람보다 동물이 한수 위 같다.

🐾 동물도 사랑과 배려심이 충만하다

"전 지금 길을 잃었고 많이 두려워요. 집에 가고 싶어요."
"그래, 어디인지 아저씨한테 설명해줄 수 있겠니?"
 길을 잃어버린 동물과 교감하는 일은 쉽지가 않다. 그들이 정서적으로 매우 불안정한 상태이기 때문이다. 그럼에도 무엇보다 반려자의 안부를 먼저 묻는 동물들이 많다는 사실에 나는 수차례나 감동받았다.
"엄마가 지금 널 많이 보고 싶어 한단다."
"나도 엄마가 보고 싶어요. 지금 우리 엄마는 잘 있어요?"
 여러 차례 교감을 해본 결과, 동물이 내게 이렇게 물어왔을 때, '엄마는 지금 널 잃어버려서 몸도 마음도 몹시 아프시단다'라고 말하면 절대 안 된다는 것을 알게 되었다. 교감을 시작한 초반에 얼떨결에 이렇게 말해버린 적이 있는데, 그때 동물의 정신상태가 더욱 혼란스러워져 교감 신호가 매우 미약해져버렸다. 휴대폰으로 치면 방전이 되어버리는 것과도 같은 현상이다.
 왜 이런 일이 발생할까? 바로 엄마에 대한 애틋한 사랑 때문이다. 가족이 아프다고 하면, 누구라도 걱정 때문에 기운이 떨어져 입맛도 없고 일도 손에 잡히지 않듯, 동물도 마찬가지이다. 사람을 기준으로 하면 겨우 세 살 정도의 지능밖에 안 되는 동물들이 가족을 걱정하고 사랑한다는 뜻이다. 그러니 우리가 타인의 패륜적인 행동을 보고, 짐승만도 못하다며 혀를 차는 것에 대해 다시 한 번 생각해볼 일이다.

상담 의뢰받은 강아지 중에 까미가 있었다. 고객에게는 품에 넣어도 아프지 않을 만큼 귀엽고 똑똑한, 마치 딸과 같은 존재였다. 그런데 까미에게 그만 난처한 일이 생겨버렸다. 다름 아닌 까미 아빠의 진짜 아들, 요한이가 태어난 것이다. 신생아가 태어나면 보통 반려동물들은 혼란스러워한다. 자기가 받을 수 있는 사랑을 아기에게 빼앗긴다고 생각하기 때문이다. 마치 어린 아이가 갓 태어난 동생을 질투하는 것처럼 말이다. 그런데 까미가 그만 요한이가 쌔근쌔근 잠자고 있을 때, 요한이 얼굴에 작은 상처를 내고 말았다. 고의가 아니라 훌쩍 건너뛰기를 하다 발생한 실수였다. 하지만 요한이의 할머니는 노발대발하셨다. 사실 말이야 바른 말로, 요한이의 눈이라도 긁혔다면 정말 큰 일 날 뻔한 사건이었다.

"당장 이모 집으로 보내게. 이러다 더 큰 사고 날까 무섭네."

까미와 장모님 사이에서 까미 아빠는 몹시 난처해지고 말았다. 그래서 내게 교감 의뢰를 해온 것이다.

"우리 까미가 슬퍼할까봐 걱정됩니다. 까미에게 이 사실을 어떻게 얘기해줘야 할까요?"

나는 까미에게 말을 걸어보았다.

"까미야, 친척집에 가야 하는 것에 대해 어떻게 생각해?"

"아빠 생각은 어떻대요?"

세상에, 기특한 까미는 자신의 처지보다 아빠 걱정을 더 하고 있는 게 아닌가.

"아빠가 원하는 대로 할래요. 아빠가 슬픈 건 원하지 않아요."

"아빠는 까미를 여전히 사랑하고 있어. 하지만 혹시라도 까미가 요한이에게 저번처럼 실수를 하게 되면 상황이 더 곤란해질까봐 걱정하시는 거야."

"그러면 저는 친척집에 가있겠어요. 아빠가 괜찮으면 나도 괜찮은 거라고, 아저씨가 아빠에게 전해주세요."

아마도 이런 상황에서 세 살짜리 아이라면, "싫어!"라고 울음을 터뜨릴 것이다. 동생한테 조금 실수한 것 가지고, 친척집에 가란 말을 이해할 세 살배기가 얼마나 있을까? 하지만 강아지 까미는 이처럼 배려할 줄 아는 강아지였던 것이다.

동물은 자식에 대한 사랑 또한 남다르다. 시골에선 봄이 오면 여지없이 제비들이 처마 밑에 둥지를 틀고 새끼를 낳았다. 아빠 제비가 열심히 진흙과 지푸라기를 물어왔기에 가능했다. 그리곤 끊임없이 새끼를 위해 먹이를 날랐는데, 자세히 보니 음식물을 소화시킬 수 있도록, 엄마 제비가 직접 꼭꼭 씹어 새끼 입에 넣어주고 있었다. 그 작은 입으로 오물조물 먹이를 받아먹는 아기 제비의 모습은 얼마나 귀엽고 사랑스러운지. 아마도 엄마와 아빠 제비의 눈엔 더 사랑스러워

보였을 게다. 부부 금실 역시 좋다고 소문난 게 바로 제비이다.

　동물이 공격적인 성향을 보이는 건 생존을 위한 본능이지, 결코 나쁜 생각을 품어서가 아니다. 물론 사람도 각양각색의 성격을 보이듯이 동물도 성격이란 게 있다. 하지만 아무 이유 없이 공격성을 띠진 않는다. 그들도 서로 사랑할 줄 알고, 자신을 아끼고 사랑해주는 반려자에게 항상 고마운 마음을 갖는다. 심지어 그 어린 나이에 반려자까지 배려하는데, 어떻게 우리가 동물을 폄하할 수 있겠는가.

한 어미의 자식도 아롱이다롱이

"어쩌다 엄마를 놀래주려고 뒤에서 살금살금 다가가는데 엄마가 너무 금세 알아차려버려서 김이 팍 새요. 그리고 사료가 너무 딱딱해요. 사료가 자꾸 잇몸에 끼니까, 제 잇몸이 다 망가져버리잖아요. 참, 간식 주실 때 제발 한 번에 시원하게 몰아서 주세요. 하나씩 하나씩 감질나게 주면 진짜 짜증나거든요. 마지막으로 한 말씀 더! 제가 지금은 변을 잘 가리지만, 엄마가 제 기분을 상하게 하면, 그땐 제 마음대로 할 거예요. 히히."

강아지 루팡은 정말 말을 잘하는 똑똑한 수다쟁이였다. 루팡의 장난기에 나 역시 교감을 하는 내내 참 많이 웃었다. 모든 동물들이 이렇게 구김 없이 밝으면 좋으련만, 그렇지 않은 동물들도 많다. 사람

으로부터 상처를 많이 받아, 유난히 경계심이 많은 동물도 있고, 타고난 성정이 곱고 착해 자주 눈물을 보이는 동물도 많다. 그런가 하면 까칠하고 도도해 비위를 잘 맞춰줘야 하는 공주과도 있다.

🐾 동물도 사람처럼 성격이 각양각색

지금 나는 집에서 자라 두 마리를 키우고 있다. 일부러 사이좋게 지내라고 수컷과 암컷으로 데려왔는데, 사이가 좋기는커녕 날마다 티격태격 싸우기만 한다.

"오늘은 삼겹살이 먹고 싶으니까 준비해줘요."

늘 이렇게 내게 명령하듯 주문하는 건 암컷이다. 그럴 때는 얼른 대령을 해줘야지, 안 그러면 까칠한 성격에 어떻게 나올지 모른다.

게다가 더 수난을 당하는 건 착한 수컷 자라다.

"어휴, 그래도 제가 남자라고 먹을 것을 양보했더니, 제가 힘이 없는 줄 알고 제 등갑을 이렇게 물어뜯어놨어요."

"그럴 때는 둘 중 하나다. 네 힘을 보여주든지, 아니면 그냥 남자답게 넓은 마음으로 이해해야 해."

"그래도 여자한테 함부로 할 수는 없죠."

참, 요 녀석은 내가 봐도 괜찮은 남자다. 그래도 늘 당하는 게 보기 안쓰러워 암컷에게 내가 한마디했다.

"혼자 사는 세상 아니니까, 남도 좀 배려하……, 아야야!"

그렇다. 까칠공주님은 주인인 나도 물어버렸다.

동물들에게도 사람과 똑같이, 다양한 성격이 있음을 이해하는 것이 중요하다. 문제가 있어도 꾹 참는 아이들이 있고, 바로 폭발해서 이상 행동을 하고 공격성을 보이는 아이들도 있다.

"그동안 아무 문제 없었거든요. 그런데 갑자기 우리 아이가 이상해진 거예요."

이렇게 말하는 고객들이 많은데, 그건 동물이 성격이 좋아서 그동안은 불만이 있어도 참았다고 보는 게 맞다.

🐾 성격에 따라 행동의 의도가 다르다

개가 낯선 이를 보고 똑같이 으르렁거리는 것 같아도, 그 속내는 조금씩 다를 수 있다. 마음이 약한 개는 자신이 두렵기 때문에 먼저 공격할 태세를 갖추는 것이고, 정말 사나운 개는 여차하면 물어버릴 심보로 달려드는 것이다.

이렇게 같은 행동을 하더라도, 성격에 따라 그 의도가 다른 경우는 많다. 토끼 미피는 툭하면 엄마의 손을 깨물거나, 발로 긁어댔다.

"왜 그런 행동을 하는 거지?"

"엄마에게 관심 받고 싶어서요. 사람들도 관심 받고 싶은 여자 앞에선 강한 척 센 척 하잖아요."

미피는 엄마의 사랑을 더 받고 싶어서 일부러 튀는 행동을 한 것이다. 사랑받고 싶은 욕심이 유난히 많은 동물인 셈이니, 반려자는 미피에게 사랑한다는 티를 더 많이 내줄 필요가 있었다. 물론 사랑이 고플 때 단식을 하는 등 의기소침해지는 동물도 있다.

대부분의 동물은 소음에 기겁을 하고 두려워하기 때문에, 청소기 하나를 돌릴 때도 주의해야 한다. 그런데 내가 이렇게 말하면 고개를 갸우뚱하는 고객도 있다.

"우리 강아지는 제가 청소기를 돌리면 팔짝팔짝 뛰면서 청소기를 따라다니던데요?"

아주 가끔이지만 이렇게 소음을 즐기는 동물도 있다.

교감을 오래 해본 결과, 같은 행동을 하더라도 그 이유는 다 다를 수 있고, 모든 동물에게 100% 똑같이 적용되는 법칙 같은 것도 없었다. 그러므로 동물이 특이한 행동을 할 때에는 다각도로 면밀히 그 이유를 살펴볼 필요가 있다. 사람 역시 스트레스를 받아서 폭식증에 걸리는 이가 있는가 하면, 반대로 거식 증세를 보이는 이가 있는 것처럼 말이다.

  반려동물의 기본 성향이 어떤지 이해하려는 노력 역시 그들을 기르기 전에 꼭 갖춰야 할 자세일 것이다.

#02
동물을 잘 알수록,
제대로 사랑할 수 있습니다

난 동물을 잘 기르고 있는 걸까?

 반려동물은 반려자에게 거의 자식과 같은 존재이다. 애지중지 키우는 그 마음도 중요하지만 제대로 된 학습도 필요하다는 뜻이다. 현명한 부모가 자식의 의견을 존중해 알맞은 학습 방법을 택하는 것처럼.

"엄마가 널 위해 공부하라고 하지, 엄마 위해 그러니?"

흔히들 집에서 자주 듣게 되는 말이지만, 자식의 입장에선 배려 받지 못한다는 인상을 받을지도 모른다. 어떤 학습법이든 상대방에 대한 배려와 이해가 최우선되어야 하듯 반려동물에 대한 학습도 마찬가지이다. 교감할 때마다 느끼지만, 무조건적인 사랑이 아닌 그들의 마음을 제대로 헤아리려는 노력이 진짜 중요한 것 같다. 엄마에겐 사랑이었지만 자식에겐 고통이었던 경우가 많기 때문인데, 이는 동물과 사람의 기본적인 습성 차이를 몰라서 생기는 오해들이다.

"자식처럼 금이야 옥이야 키웠는데 갑자기 우리 강아지가 발작을 일으켜요."

언젠가 한 고객이 전화를 해 당황해하며 이렇게 말했다. 멀쩡하던 강아지가 언제부턴가 매일 같이 발작을 하더니, 결국 몸 이곳저곳에 병이 나 시름시름 앓기 시작했다는 것이다. 그런데 강아지와 교감한 결과, 원인은 어이없게도 냉장고에 붙은 전단지였다.

"혹시 냉장고 문에 음식점에서 받은 전단지를 붙여두셨어요?"

"그렇긴 하지만, 그게 강아지가 발작을 일으킨 거랑 무슨 상관이 있을까요?"

사실 전혀 상관이 없을 것 같다. 그런데 동물의 습성을 이해하면 얘기가 달라진다.

🐾 동물은 모든 진동에 민감하다

반려자는 음식점에서 받아온 전단지를 아무 생각 없이 냉장고 문에 붙여두었고, 날마다 비슷한 시간쯤에 주방의 문을 살짝 열어두었는데, 봄바람이 살랑살랑 불자 전단지가 펄럭거렸다. 그런데 그 작은 미진에 그만 강아지가 발작을 일으킨 것이다.

사람에게 전단지의 펄럭임 따위가 무슨 문제가 되랴. 하지만 동물에겐 때론 그것조차 공포의 대상이 될 수 있다.

동물은 청각이 유난히 발달된 까닭에, 작은 소리나 진동에 사람보다 민감하게 반응한다. 물론 모든 강아지가 이렇게 예민한 건 아니다. 사람의 경우도 강심장이 있고 여린 마음의 소유자가 있듯이, 동물들의 성향도 각기 다르긴 하다. 그런데 이 강아지는 유난히 마음이 여릴 뿐 아니라, 이전에 비슷한 진동에 크게 놀란 적이 있었다. 자라 보고 놀란 가슴 솥뚜껑 보고도 놀란다는 말처럼, 소리나 진동에 상처를 받았던 동물이라면, 비슷한 상황에서 더욱 민감하게 사지를 떨기 마련이다. 그러므로 동물의 신상에 문제가 생겼을 때, 집안 구석구석 작은 것들 하나하나에 신경을 써야 한다. 반려자가 건강을 위해 사용하는 진동기구 옆에 있다가 화들짝 놀랐다는 동물들도 많았다.

"우리집 의자 팔걸이는 너무 진동이 와서 무서워요!"

강아지 니모도 그랬다. 엄마가 그 의자에 앉을 때마다, 덜덜거리는 소리 때문에 신경이 바짝 서는데, 도대체 왜 의자가 덜덜거리는 거냐며 내게 되물었다. 만일 집 근처에 비행장이 있다면 동물은 거의 일상생활이 불가능해질지도 모른다.

그들에겐 모든 진동, 즉 세탁기, 드라이어, 보일러 가동기, 자동차, 비행기 등의 소리는 대부분 놀람의 원인이 된다는 사실을 꼭 염두에 두자.

조금씩 자주 들으면 무뎌진다

동물이 모든 진동에 발작을 일으킨다면 사람과 함께 살기 힘들 것이다. 가정에서 진동 소음을 내는 물건이 한두 가지가 아니기 때문이다. 그러므로 그들을 이들에 적응시킬 필요가 있다. 이럴 때 민감소실요법이 유효하다. 즉, 과민반응을 일으키는 소리를 의도적으로 동물에게 조금씩 노출시킴으로써 익숙하게 하는 방법을 쓰는 것이다. 처음엔 5초, 10초부터 시작해 점점 노출시간을 늘린다. 단, 처음엔 오히려 민감증이 더 심하게 올 수 있으므로, 동물의 상태를 잘 살펴보면서 진행하자.

잦은 스킨십 No, 노는 데도 원칙이 필요하다

"쩡이가 우리 집에 온 이후로 한결 덜 외로워졌어요."

오랫동안 독신생활을 해온 한 여성 고객은 동물들이 있기에 결혼의 필요성을 그다지 느끼지 않는다고 말했다. 고된 직장 일에 심신이 파김치가 되어도, 퇴근길에는 무슨 힘이 그리 나는지 집까지 뜀박질을 한다고도 했다.

"똘망똘망한 눈이 얼마나 예쁜지, 1분이라도 빨리 가서 보고 싶다니까요."

마음 둘 곳 없는 현대인에게 심장이 뛰는 동물은 큰 위로가 되어준다. 어린 시절 내가 그랬던 것처럼. 언젠가 혼자 사는 독신보다 반려동물을 키우는 독신이 훨씬 더 건강하게 산다는 연구결과도 있었는데, 그건 분명 체온을 나눌 수 있기 때문일 것이다.

그런데 반려자의 외로움이 무분별한 사랑으로 이어져 오히려 동물들을 혼란에 빠뜨리게 하는 경우도 참 많다. 동물들은 시도 때도 없이 만지고 뽀뽀하는 것에 익숙하지 않기 때문이다. 그들에겐 살육의 역사가 있기 때문에 본능적으로 터치를 굉장히 두려워한다. 그들에게 털은 멋의 상징이기도 하지만 하나하나가 무척 예민한 촉수, 즉 안테나이다. 누군가 와서 덥석 안으려 하는 순간 털이 쭈뼛쭈뼛 서버릴 것이다. 그러니까 동물을 처음 맞이할 때에는 먼저 다가가 안아주기 전에, 동물이 먼저 사람을 탐색할 수 있도록 시간을 주는 게 좋다. 그들이 먼저 다가와 냄새를 맡고 사람 고유의 파장을 느낀 후에 '안전하다'고 판단했다 싶으면, 그때 안아주자.

물론 친해지면 동물도 사람의 스킨십이 애정의 표현이라는 걸 이해하고, 안아달라고 칭얼대기도 한다. 그래도 너무 잦은 스킨십은 동물에겐 독이다. 특히 온도에 민감한 파충류의 경우, 너무 자주 만지면 죽기도 한다. 부끄러운 이야기지만 나 역시 예전에 파충류를 키우다가 온종일 너무 조몰락거리는 바람에 이별의 아픔을 겪어야 했다.

개나 고양이도 마찬가지인데, 그들을 수시로 만지고 쓰다듬어주다가 바쁘다는 이유로 외출해버리면, 그들은 정서적으로 심하게 불안해지는 분리불안증을 겪는다. 계속 쓰다듬어주던 주인이 사라진 순간, 그때부턴 반대로 동물들이 외로움에 시달리며 불안해하고 어쩔 줄 모르는 것이다.

집을 자주 비우는 반려자일수록 동물과 놀아주는 것에 원칙을 정할 필요가 있다. 외롭고 허전할 때마다 아무 때고 놀아주는 게 아니

라, '식후 30분에만 놀아주기' 등 놀이 시간을 일정하게 정하는 것이다. 이때 역시 30분 이상으로 넘기지 않는다는 원칙을 세우자. 동물이 집중하는 시간은 그리 길지 않기 때문에, 시간이 초과하면 그들도 지치고 피곤해한다. 30분이 지나면 반려자는 동물에 대한 시선을 거두고 다른 일을 하는 게 옳다. 간혹 동물이 더 놀아달라고 칭얼대도 외면하고, 그들의 집, 즉 은신처에 가서 쉬도록 유도해주자. 이렇듯 놀이를 통해 그들을 학습시켜야, 그들도 정서적으로 안정이 된다.

 동물세계에서도 어미는 새끼를 학습시킨다. 시골에 살던 시절 마당 한쪽 구석에 키우던 개가 새끼를 낳은 적이 있다. 새끼들은 시도 때도 없이 어미젖을 먹기 위해 달려들었고, 한 번 문 젖을 어지간해선 놓지 않으려고 필사적으로 매달렸다. 그러자 어미견이 가차 없이 새끼의 목덜미를 물어서 떼어내 버리는 게 아닌가. 나중에서야 그 행위가 어미의 젖을 물고 있어도 되는 시간의 한계를 정확히 구분할 수 있도록 하기 위함임을 알았다. 학습이었던 것이다.

대부분의 가정에서 동물은 반려자가 회사에 간 이후, 온종일 혼자 집에 남게 된다. 그들이 혼자 지내는 시간을 두려움 없이 편안하게 지낼 수 있도록 배려하는 것, 그것이 바로 그들을 위한 진짜 사랑일 것이다.

🐾 Tip
간식을 줄 때는 사냥본능을 노려라

동물에게 간식을 자주 줘서는 곤란하다. 필요 이상으로 살이 찌고, 몸 이곳저곳이 아플 수 있기 때문이다. 아이들이 단 것을 과하게 먹으면 비만 등의 위험에 노출되는 것과 똑같다. 그러므로 학습 후 칭찬하기 위해 간식을 줄 때는 아주 소량으로 줘야 한다.

퇴근 후 동물과 30분 동안 놀아준 뒤 간식을 줄 때는, 이왕이면 그냥 주지 말고 동물의 사냥본능을 이용하면 훨씬 좋다. 소파 뒤, 테이블 밑 등 잘 안 보이는 곳에 간식을 숨겨둔 뒤 찾아보게 하는 것이다. 그러면 동물은 훨씬 희열감을 느낀다. 또한 열심히 찾느라 뛰어다니다 보면 체력이 금방 소진되므로, 더 놀아달라고 보채지도 않고 바로 은신처로 들어가 쉬려 할 것이다.

은신처 안에 간식을 넣어줄 때는 손으로 주는 것보다, 케이지 안 깊숙한 곳에 던져주는 것이 좋다. 간식을 손으로 줘버릇 하면, 손으로 주는 것만 먹으려 하기 때문이다. 특히, 몸이 아파 병원치료 후에 음식물을 손으로 떠먹인다면, 오히려 더 큰 문제가 된다. 나중에도 반려자가 입으로 떠먹여주길 원해, 금식을 하거나 아픈 척을 할 수 있다.

🐾 전기선만 보면 물어뜯는 까닭

집에 수맥이 흐르는 곳이 어디인지 알기 위한 방법 중에 하나는, 토끼나 개들이 절대 눕지 않는 곳을 확인하는 것이다. 동물들의 털 하나하나는 수맥이나 전류계를 감지하고 반응한다. 물론 고양이나, 뱀 등은 수맥이나 전자파를 좋아해서 도리어 그 곳에 가 드러눕지만 말이다.

온종일 혼자 집에서 이곳저곳의 냄새를 킁킁대며 맡고 대기를 탐색하는 동물들은, 전선을 보면 화들짝 놀라 털이 쭈뼛 위로 솟는다. 그래서 피하기도 하지만, 때로는 물어뜯으려 달려든다.

'이것들 싫어. 내가 다 없애버릴 거야.'

짜증나니 없애버리자는 심보인데, 이른바 포식성 공격 증상이다.

"우리 강아지는 전기선을 너무 좋아해서 탈이에요. 모든 선이란 선은 다 물어뜯어놔요."

반려자들이 종종 하는 하소연인데, 나의 답변은 "좋은 게 아니라, 싫어서 그런 것이니 외출할 때 전기코드는 다 빼고 나가시는 게 좋아요"이다. 전기선이 많고 유난히 수맥이 많이 흐르는 집의 토끼나 강아지들은 병치레를 하는 경우도 많다. 사람도 수맥이 흐르는 곳에서 자면, 깊은 잠을 못 이루고 두통이나 가위눌림에 시달려 온몸의 기가 쑥 빠져버리는 것처럼 말이다. 물론 수맥이나 전기선을 좋아하는 고양이 역시 물어뜯기는 마찬가지인데, 그들은 그곳의 열감이 좋아서 자꾸 접촉하려는 것이다.

이유가 무엇이든 동물들이 집안의 전기선을 모두 물어뜯어놓으면 여러모로 곤란하니, 외출 시에는 전기코드를 빼두는 게 좋겠다.

동물은 주인을 닮는다

'자식은 부모의 거울이다'라는 말은 반려동물에게도 해당된다. 마치 아이들이 그렇듯 동물도 반려자의 마음을 거울 보듯 똑같이 느낄 뿐 아니라 때로는 관찰하고 모방한다. 또 반려자가 밖에 나가서 극심한 스트레스를 받고 집에 돌아오면, 그들은 그 스트레스를 고스란히 느낀다. 심한 경우 이로 인해 면역력이 약해져 피부질환을 일으키기도 한다.

아끼는 카펫에 날마다 소변을 누는 동물을 보면, 정말 한번쯤 빽, 소리를 지르고 싶을 것이다. 그리곤 마음과 달리 "자꾸 그러면 엄마가 너 버려버릴 거야!"라는 말을 하기도 한다. 그런데 이렇게 홧김에 그냥 한 말이지만, 동물은 정말 자기를 갖다 버릴지도 모른다는 공포감에 휩싸여 식음을 전폐할 수도 있다.

🐾 동물 앞에서 한숨을 지으면 안 되는 이유

"누나가 요즘 힘들어해요. 700만 원을 받아야 하는데, 500만 원밖에 받지 못했거든요. 아저씨, 돈은 어디에 있는 거예요? 제가 돈을 못 벌어서 누나한테 정말 미안해요."

내게 이렇게 말하는 강아지도 있었다. 반려자에게 물어보니, 회사가 어려워지는 바람에 받아야 할 월급을 다 받지 못해, 집에서 자주 짜증을 냈다고 말했다. 이 때문에 강아지가 심한 죄책감을 느낀 것이다. 반려자가 자기를 키우려면 돈이 필요하다는 사실을 잘 알고 있기 때문이다.

"사료를 먹을 수가 없어요. 엄마가 사료 값이 올랐다고 걱정하는 이야기를 들었거든요."

어느 날부터 강아지 찌찌가 사료를 먹지 않는다고 걱정하는 반려자의 상담전화를 받고 교감을 해 봤더니, 이렇게 말하는 경우도 있었다.

"지나가는 말로, 그냥 한마디 푸념한 것뿐인데……."

교감 내용을 전해주면 반려자들은 동물의 예민함에 그저 놀랄 뿐이다.

예쁜 토끼 한 마리는 나와 교감하면서 슬프게 운 적이 있다. 정말 오랫동안 울었다.

"지금 왜 힘들지?"

"엄마 때문이에요."

"엄마가 왜?"

"엄마가 화학약품(술, 담배)을 먹어요. 그러면 엄마 머리는 멍해지죠. 그런 엄마를 보면 속상해요. 너무 속상해서 눈물이 나요."

반려자가 습관적으로 술을 마시고 담배를 물 때의 헛헛한 마음이, 옆에 있던 동물에게 고스란히 전이된 셈이다.

현명한 부모라면 자식들 앞에서 말도 골라서 하고, 밖에서 힘든 일이 있어도 내색을 하지 않으려고 노력할 것이다. 부모가 우울해하면 자식들도 금세 의기소침해진다는 사실을 잘 알기 때문이다. 동물 앞에서도 그처럼 노력할 필요가 있지 않을까. 말 못하는 동물이라고 해서, 그 앞에서 자주 신세한탄을 하거나, 돈 때문에 속상하다는 이야기를 자주 하면, 동물들은 반려자 이상으로 걱정을 하기 시작한다. 그리고 대부분 그 걱정은 병증으로 표출되고 심지어 단식 행위를 하는 경우도 있다. 자신이 엄마의 짐으로 여겨져 마냥 굶는 것인데, 이럴 땐 정말 교감으로도 그들을 설득하기가 힘이 든다. 그들에게 단식은 자살행위나 마찬가지인데 말이다.

🐾 반려자의 마음도 느낀다

동물을 키우는 일은 어쩌면 임산부의 태교처럼 매우 조심스러운 일인지도 모르겠다. 뱃속의 아이를 위해 항상 좋은 생각, 좋은 말만 하는 것이 임산부의 태도인 것처럼 동물 앞에서도 항상 몸과 마음가

짐을 조심할 필요가 있기 때문이다. 그만큼 동물들은 섬약한 존재다.

"가장 싫은 게 뭐야?"

"우리 가족이 강아지들을 죽이는 거요. 날마다 여러 마리를 죽여요. 정말 무서워요. 그래서 가족에게 더 이상 다가갈 수 없어요."

한 강아지와 교감 중, 이런 답을 들었다. 나는 즉시 반려자에게 전화를 걸었다.

"가족들이 매일 같이 동물들을 여러 마리 죽인다고 말합니다.

"그럴 리가요. 저희 부부는 동물 애호가인 걸요."

"그렇다면 혹시 그런 장면들을 자주 보시진 않았나요?"

내가 이렇게 묻자, 반려자는 깜짝 놀라며 말했다.

"앗! 네. 사실은 저희 집이 ○○시장 앞이거든요. 신랑과 출퇴근하면서 항상 그 시장 골목을 지나는데, 정말 저희 역시 그곳에서 동물 시체를 보는 게 너무 괴로워요. 날마다 그걸 보면서, 우리 강아지도 언젠간 죽겠지, 하는 생각을 하면 너무 슬퍼지구요."

반려자의 머릿속에서 항상 떠나지 않고, 아예 각인이 되어버린 이 이미지와 걱정하는 마음을 동물은 그대로 복사하듯 느낀 것이다. 그리고 엄마가 곧 그 동물들을 죽였다고 믿고 두려움에 떨게 되었다.

동물 앞에서 노골적으로 걱정거리를 이야기하지도 않았는데, 어떻게 사람의 마음을 다 읽었을까? 동물은 이미 사람과 교감을 하고 있다. 그들은 사람의 표정을 매우 섬세하게 관찰하며 실제로 따라 하기도 한다. 그들이 사람의 울고 웃는 모습을 그대로 흉내 낸다는 연구결과도 있다. 또 사람이 스트레스를 받으면 스트레스 관련 호르몬이 분비되는데, 동물의 예리한 후각이 이 냄새를 감지하고 사람의 심리상태를 파악한다. 심장 박동, 숨소리도 듣는다. 청력이 사람보다 4~10배나 좋은 동물들은, 반려자의 심장 박동이 평소와 달리 불규칙하게 뛰는 소리를 듣고, 반려자의 기분이 어떤지 알아차린다. 교감법을 다룬 장에서 구체적으로 이야기하겠지만, 심장 박동 소리가 공명이 되면, 사람이 생각하는 것들을 동물은 그대로 전달받는다.

결국 우리는 늘 동물과 교신을 하고 있는 셈이다. 다만 우리만 동물이 하는 이야기를 못 알아들을 뿐. 그러니 힘들겠지만, 동물 앞에선 함부로 짜증내거나 신세 한탄 같은 건 하지 않는 게 좋다.

🐾 반려자가 흥분하면 동물도 흥분한다

반대로 동물 앞에서 너무 흥분하는 것도 곤란하다. 어떤 반려자들은 고된 몸을 이끌고 집에 들어서는 순간, 자신을 향해 달려올 예쁜 동물이 있다는 사실에 초인종을 누르기 전부터 흥분하기 시작한다. 그리고 문을 열고 들어서자마자 높은 톤의 목소리로 동물 이름을 부른다.

"까미야!!"

그런데 문제는 이렇게 즐거워하면서 흥분하면, 동물들, 특히 개들은 이렇게 생각한다.

'아, 기쁠 땐 흥분하는 거구나.'

그래서 주인이 오면 같이 흥분하고 큰 소리로 짖어대며, 평소에도 기분이 좋을 때마다 흥분하는 버릇을 갖게 된다. 흥분은 곧 기쁨의 표현이라고 결론 내렸기 때문이다. 흥분하면서 짖다 보면 사람을 물기도 하는데, 어릴 때는 손가락 하나쯤 물려도 그냥 넘어갈 만하지만, 자라면 사정이 달라진다. 특히 길고양이의 경우 몸에 인수공통 질병도 있기 때문에, 자칫하면 병원 치료를 받아야 할 정도로 상처가 깊을 수 있다. 게다가 동물이 사람을 물기 시작하면 자신이 사람보다 위라고 생각해 꽤나 도도해진다.

'아, 이렇게 소리를 높이고 물어도 아무 말 안 하는 걸 보면, 우리 집에서 내가 1등이구나.'

결국 여러 가지로 문제가 생기는데, 그 근본 원인은 바로 동물이 반려자의 모습을 보고 모방학습을 했기 때문이다. 그러므로 동물 앞에서는 늘 일정한 톤으로 차분하게 말하는 게 좋다.

동물들이 반려자의 고음을 긍정의 소리로 받아들이는 이유는, 놀이기구의 영향도 크다. 신나게 놀 때 사용하는 놀이기구들 역시 '삐이' 하면서 고음을 내는 것들이기 때문이다. 그러니 혼낼 때도 소리를 높이면 오히려 역효과가 발생한다.

"이게 뭐야. 집을 이렇게 어질러 놓으면 어떡해?"

동물에게 이렇게 소리치면 동물들은 '어? 엄마가 나에게 큰소리로 이야기하네. 날 칭찬하나보다'라고 생각하곤, 혼을 내는데도 조용해지지 않고 계속 흥분하고 짖어대면서 집을 더 어지른다. 이렇게 고음은 동물에게 혼동을 일으키므로 주의하자.

쉽게 흥분하는 동물 학습법

1. 우선 동물 앞에 앉되, 시선을 45도 각도로 피하며 다른 곳을 주시한 채 아무 말도 하지 않는다. ("나는 이미 자리를 잡았어. 그리고 너에게 관심 없어.")

2. 무심하게 책을 펴 한 장씩 넘기며 읽는 척한다. ("봐, 난 네가 짖어도 전혀 두렵지 않아. 그러니 짖으려면 짖어봐. 네 목만 아플 뿐 아무런 소득도 없을 테니.")

물론 동물의 성향에 따라 약간의 차이는 있겠지만 대게는 10분 정도만 이렇게 있어도, 흥분했던 동물이 점점 잠잠해질 것이다. 그리고 아무리 짖어도 반려자가 무덤덤하게 반응하니, '아, 나보다 엄마의 서열이 더 높구나'라고 생각하게 된다.

동물도 사람처럼 꾸미는 걸 좋아할까?

동물에게 꾸민다는 건 어떤 의미일까? 수탉의 화려한 볏은 그들만의 멋이고 그들은 그것으로 암탉에게 구애의 몸짓을 한다. 즉 타고난 그들의 화려함을 한껏 뽐내는 것이다.

동물에게 털은 보호막이자 멋의 상징이다. 굳이 털을 깎아주지 않아도, 때가 되면 저절로 털갈이를 한다. 목욕 역시 마찬가지다. 야생 동물들은 스스로 진흙이나 나무에 몸을 문질러, 몸에 붙은 이, 벼룩, 진드기를 죽임으로써 위생관리를 한다. 고양이는 모래밭에 뒹굴고, 코끼리나 말은 진흙에 뒹군 후 햇빛에 말리면서 살균을 한다. 그들만의 자연식 목욕법인 셈이다.

그런데 사람들 손에 의해 길러지면서, 생소한 기구로 털을 밀고 샴푸란 걸 쓰게 되었다. 그들 입장에선 굉장히 낯선 일들이다. 물론 사람과 함께 살기 위해 필요한 일들이므로 피할 수는 없겠지만, 적어도 그들이 놀라지 않도록 하나씩 알려주면서 배려해야 한다.

🐾 목욕은 최대한 빨리 그리고 즐겁게

우선 목욕을 너무 자주 시킬 필요는 없다. 개의 경우, 한 달에 두세 번이면 족하다. 외출 후에는 발만 닦아주자. 도리어 너무 씻겨주면 면역력이 떨어진다.

목욕을 할 때에는 샴푸와 드라이어에 대한 좋은 기억을 심어주는 것, 그리고 최대한 목욕을 빨리 끝내주는 것, 이 두 가지가 포인트다. 이렇게 진행해보자.

1. 샴푸를 미리 물에 풀어둔다. (시간이 단축된다.)
2. 동물에게 "이제 목욕할 거야"라고 말하는 등 예비신호를 주지 말고 곧장 욕실로 데리고 들어간다. (미리 공포감을 느끼는 걸 차단한다.)
3. 욕실 한쪽에 돗자리를 깔고 간식을 준비해둠으로써, '목욕' 하면 '간식'을 떠올릴 수 있도록 해준다. 단, 목욕을 끝낸 후 간식을 곧바로 줘서는 곤란하다. 그러면 동물이 목욕하는 동안, 빨리 간식을 먹으려고 발버둥치기 때문이다.
4. 물이 발에 닿는 것부터 하나씩 시도한다. 욕심을 내서는 절대 안 된다. 그다음 목욕할 땐 발목까지, 그 다음엔 꼬리부터 엉덩이까지,

이렇게 차근차근 진행하되 반려자가 입으로 말을 하거나 소리를 내지 않는다.

5. 되도록 저소음 드라이어를 사용한다.

6. 목욕과 드라이가 끝나면, 30분 동안 동물을 기다리게 한다. 이를 위해 반려자는 동물에게 말을 걸거나 눈을 마주치지 않고, 책을 읽거나 다른 일에 집중한다.

7. 30분 후, 목욕을 잘 한 것과 얌전히 기다린 것에 대한 보상을 해준다. 동물을 쓰다듬거나 안아주며 간식을 주자.

이렇게 했는데도 목욕만 하려고 하면 공격적인 성향을 보이는 동물들도 있을 텐데, 그건 아마도 전 주인과 목욕을 하면서 안 좋은 일이 있었을 가능성이 높다. 이럴 때는 동물과 비슷하게 생긴 인형을 준비해, 동물 앞에서 똑같은 방법으로 목욕을 시켜줌으로써, 간접학습을 시켜주자. 드라이어 소리에 깜짝깜짝 놀라는 반응을 보인다면, 민감소실요법을 활용한다.

가장 확실한 방법은 반려자가 가방에 소형 드라이어를 넣어가지고 다니면서, 귀가 시 현관문을 열고 들어옴과 동시에 가방에서 드라이어를 꺼내 동물에게 보여주는 것이다. 동물에게 드라이어는 곧 '엄마의 귀가'를 떠올리는 물건이 되므로, 도리어 반기게 될 것이다. 평소에 자주 드라이어를 보여주는 것도 한 가지 방법인데, 이때도 드라이어 노출 시간을 조금씩 늘리는 게 포인트이다.

🐾 털과 발톱에 대한 생각 차이

미용 역시 마찬가지이다. 털을 너무 짧게 깎는 건 절대 피해야 한다. 그들에게 털은 옷이나 마찬가지인데, 옷을 없애버린다는 건 우리와 똑같이 부끄럽고 위험한 일이다. 게다가 때가 되면 자연스럽게 털갈이를 할 텐데, 굳이 왜 잘라야 하는지 그들 입장에선 이해도 안 될 것이다.

"제 목과 다리의 털만이라도 유지해 주세요. 그쪽 털을 짧게 깎을 때마다 정말 절망적이랍니다. 우리는 그곳에 굉장히 중요한 숨통(동맥)이 있어요. 그래서 그곳의 털이 짧아지면 굉장히 불안하다구요."

강아지 모아는 교감 중에 내게 하소연하듯 말했다. 모든 개들이 같은 입장이었다. 깎는 기기의 진동 소리 역시 그들에겐 두려움의 대상이므로, 주의할 필요가 있다.

"털 깎이는 것보다 머리 방울이 더 짜증나요."

강아지 쩡이는 교감 중에 내게 노골적으로 짜증을 냈다. 쩡이의 말에 의하면, 털을 깎을 때의 고통은 잠깐이지만, 머리끈에 달린 방울은 움직일 때마다 딸랑딸랑 소리가 나서 종일 신경이 거슬린다는 것이다. 이들에겐 코와 귀가 무척 중요한 레이더망인데, 딸랑거리는 소리가 계속 들리면 귀를 곤두세울 수가 없고, 그러면 곧 불안해진다. 예쁘게 치장해주고 싶은 마음이 앞서, 그들의 중요한 부분을 건드리면 곤란하다. 굳이 털을 묶어주고 싶다면, 소리가 나지 않는 방울을 사용하거나 일반 고무줄을 사용하자. 같은 이유로 코를 자극하는 향

수나 목욕용품을 사용하는 것 역시 그들에겐 실례다. 무향의 제품을 사용하고, 향수는 안 쓰는 게 낫다.

개들에게 코와 귀가 레이더망이라면, 고양이에겐 발톱이 그러하다. 그들은 발톱을 이용해 사물을 감지하고 판단하기 때문이다. 우리 역시 인터넷이 끊기면 답답하듯, 그들도 발톱이 사라지면 무척 답답하고 초조해진다. 물론 그들의 긴 발톱은 사람에게 위협적일 수 있다. 내가 아는 어떤 이는 어릴 적 할머니 집에 놀러갔다가, 아무 생각 없이 골방 문을 열었는데 갑자기 고양이가 튀어나와 손목을 할퀴는 바람에 크게 상처를 입었다고 했다. 이런 사고를 방지하려면 어쩔 수 없이 고양이의 발톱을 자르긴 잘라야 한다. 그렇지만 아주 조금,

1~2mm만 자르자.

 동물 교감을 할수록 느끼는 건데, 반려동물이 아무리 인간에게 길들여졌다 해도 그들의 기본 습성이 완전히 사라진 건 아니었다. 그들의 본성을 최대한 존중해주는 것이 진정한 사랑의 방식 아니겠는가.

동물에게 화장실은 향수다

대부분의 동물은 반려자가 화장실에 들어가면 화장실 문을 발톱으로 긁거나 두드린다.

"엄마, 빨리 나와서 나랑 놀아줘요."

"어휴, 조금만 기다려라."

이렇게 답하고 서둘러 화장실을 나왔건만 동물의 표정은 못내 서운하다. 사실 그런 의미가 아니었는데 말이다.

"왜 나는 안 데려가고 엄마 혼자 가요. 좋은 데 가면서."

동물이 문을 두드린 건 이런 뜻이었다. 야생에서 생활하던 그들에게 화장실은 굉장히 특별한 공간이다.

'물소리가 졸졸졸 흐르네? 아, 계곡이구나.'

엄연히 집 내부에 있는 공간인데도, 그들은 화장실을 집 밖에 있는 계곡이라고 인식하고 있었다.

"계곡으로 날 데려가주세요."

"계곡이 어디 있어? 언제 계곡에 가본 적 있니?"

처음엔 그 의미가 무엇인지 몰라 자꾸 되물어야 했다. 물소리가 들리는 화장실은 그들에게 자연과의 연결통로이고, 그곳에서 그들은 향수와 안정감을 느끼고 있었다.

🐾 화장실 물은 곧 새 물

동물들이 급식기에 담긴 물을 안 먹고, 화장실 바닥에 흐르는 물을 핥아 먹는데 왜 그러느냐는 문의를 자주 받는다. 계곡물인 줄 알고 그런 것이다. 이를 활용해 물을 거부하는 동물에게 물을 먹일 수도 있다.

대부분의 동물이 물을 안 먹으려고 하는 이유는 신장에 문제가 생겼기 때문이다. 나이든 동물일수록 신장기능이 떨어지기 마련인데, 그럴 때 화장실에서 물을 가져다주면, 맑은 새 물인 줄 알고 핥아 먹기 시작한다. 그러니 동물이 물을 안 먹을 땐 화장실의 물을 받아서 급식기에 담아주자. 단, 수돗물은 동물에게 해로울 수 있으니, 연출이 필요하다. 먼저 동물이 안 보이는 곳에서 생수를 급식기에 담은 후, 이것을 동물이 보지 않도록 몰래 들고 화장실로 들어가는 것이다. 그리고 동물이 물소리를 들을 수 있도록 화장실 안의 수도꼭지를

잠시 틀어둔다.

'드디어 엄마가 깨끗한 물을 주는 구나.'

이렇게 판단한 그들은 기쁜 마음으로 그 물을 먹기 시작한다.

그리고 평소 먹던 물이 입에 맞지 않아서 거부하는 경우도 있다. 개들의 경우 미각보다 후각이 민감한 탓에 물에서 조금만 이상한 냄새가 나도 단박에 알아차리고 물을 안 먹는다. 이럴 때도 같은 방법을 쓰면 된다.

🐾 천둥과 번개 없는 안전한 곳

천둥, 번개를 무서워하는 강아지에게 어떤 방법을 써도 효과가 없다며, 교감을 의뢰한 반려자도 있었다.

"어떻게 하면 두렵지 않을 것 같아?"

"화장실 변기 위에 올라가 있으면 좀 안정될 것 같아요."

강아지는 내게 이렇게 말했다. 집이 아닌 자연에 머물고 싶다는 뜻이었다. 그런데 왜 하필 변기 위일까? 그것은 진동을 느낄 수 없는, 바닥으로부터 떨어진 높은 곳이라고 여겼기 때문이다.

이렇듯 동물에게 화장실이 어떤 의미인지를 안다면, 동물과 함께 사는 데 큰 도움이 된다.

동물을 위한 집안 인테리어는 따로 있다

"포푸야, 방바닥이 싫으니?"
"어휴, 말도 마세요. 바닥에 선이 있어요. 선!"

방바닥을 놔두고, 벽에 바짝 붙어 이동한다는 토끼 포푸에게 이유를 묻자, 이렇게 답했다. 대부분의 동물들은 선에 민감하다. 행동학자들은 소를 예로 들어 눈앞에 선이 그어져 있으면 그것을 넘지 못할 만큼 선을 두려워한다고 말한다. 대게 자연에서 보지 못한 것들은 그들에게 두려움의 대상이 된다. 반사광, 전기선, 격자무늬, 강렬한 색상 대비의 물건 등이 대표적이다.

그러므로 동물과 함께 산다면, 집안 인테리어에 신경을 쓸 필요가 있다. 장판, 벽, 그리고 각종 소품들까지 이왕이면 동물이 공포를 느끼지 않는 것을 고르는 것만으로도 그들과의 동거가 훨씬 행복해진다.

🐾 모서리와 격자무늬 공포증

동물은 모서리를 두려워하고 싫어한다. 그런데 집안에 놓인 테이블은 대부분 사각형이지 않은가. 동물 처지에선 상당히 불편할 것이다. 대부분 그것들을 이빨로 물어뜯는데, 역시 포식성 공격 증상이다. 이럴 때 대부분의 반려자는, 이빨이 나는 시기라 가려워서 그런 줄 알고 개 껌을 사주지만, 그래도 소용이 없다. 그보다는 테이블을 원형으로 바꾸는 게 훨씬 효과적이다.

벽 모서리 부분에 밥그릇을 두고 거기서 밥을 먹으라고 하면 동물들이 식사를 거부하는 이유도 모서리 공포증 때문이다. 같은 이유로 베란다 귀퉁이에 밥그릇을 놓는 것 역시 이들에겐 기분이 불쾌한 일이다.

"먹이를 직접 만들어서 밥그릇에 잘 담아주는데, 번번이 밥그릇을 엎어요. 정말 속상해요. 뭐가 맘에 안 드는 걸까요?"

"혹시 베란다 모퉁이에 급식기를 두지 않으셨나요?"

"그렇긴 한데, 그게 무슨 문제라도……."

귀퉁이가 싫은데, 귀퉁이에서 자꾸 밥을 먹으라 하니 그만 화가 나서 밥그릇을 엎어버린 것이다.

반복 패턴의 무늬 역시 마찬가지인데, 특히 체크, 격자, 줄무늬 등이 그들에겐 피로대상이다. 사람도 그런 무늬를 오래 보고 있으면 눈

이 어질어질하고 머리가 아프다. 하물며 동물들은 아예 머리가 핑글핑글 돈다.

"엄마한테 줄이 많은 옷을 자주 입지 말라고 하면 안 돼요? 볼 때마다 심장이 쿵닥쿵닥 떨릴 만큼 두렵다구요."

내게 이렇게 하소연한 동물도 있었다. 미용할 때 빗을 두려워하는 이유도 마찬가지다. 같은 패턴의 빗살이 어지러운 것이다. 그런데 빗살 중 몇 개를 부러뜨리면, 신기하게도 빗을 피하지 않는다. 반복 패턴이 무너졌기 때문이다.

그러니 벽지나 장판, 가구를 고를 때는 물론, 동물을 위한 배변판이나, 미용 패드 등을 고를 때도 이런 무늬는 최대한 피하자. 반복적인 움직임 역시 마찬가지다. 집안에 모빌이나 시계추 등도 웬만하면 없애는 게 좋다. 동물들이 온종일 스트레스를 받고 경기를 일으키기 쉽기 때문이다.

🐾 익숙지 않은 색의 대비와 반사광

동물들은 절대 색맹이 아니다. 미묘하지만 색깔을 구분해낸다. 그렇지 않다면 자연에서 보호색이란 게 존재할 이유가 없고, 공작새의 깃털이 그렇게 화려할 이유가 없을 것이다. 수컷 공작새가 그 화려함을 뽐내는 건 암컷의 눈에 들게 하기 위함이니 말이다. 교감을 할 때 역시 다양한 색깔의 이미지들을 보내오고, 표현하는 걸로 보아도 알 수 있다.

동물이 가장 편안하게 느끼는 색은 녹색이나 황토색이다. 흙과 나뭇잎 등의 색깔이고, 말이나 고양이 등의 털 색깔로 자연에서 가장 많이 봐왔던 색이라 그렇다. 그런데 이것들이 대비색을 이룰 땐 위압감을 느낀다. 특히 황토색 장판 위의 노란색 배변판은 그들에게 최악이다.

"그런 색과 모양은 마치 살아 움직이는 것 같아서 도저히 밥을 먹을 수가 없어요."

이렇게 말할 정도로 싫어했다. 역시 갈색 테이블 위의 흰색 접시도 공포의 대상이다. 그들은 내게 "테이블 가운데가 뻥 뚫려있는 것 같아 공포스럽다"라고 표현했다. 설상가상으로 접시가 사각형이라면 아마 짜증이 솟구칠 것이다.

특히 새들은 명암 구분이 명확하다. 그래서 청바지에 흰 티셔츠를 입는 사람을 보면 놀라거나 흥분한다. 어두운 색 계통의 바지와 황색 계열의 웃옷을 입은 사람에게도 같은 반응을 보인다.

"엄마가 옷을 너무 자주 바꿔 입지 않았으면 좋겠어요. 옷 색깔이 바뀔 때마다 정말 혼란스러워요. 그리고 우리 집에 이상한 색의 옷을 입고 오는 아줌마들 때문에 정말 피곤해요."

앵무새 모링이의 푸념이었다. 아마도 집에서 반상회가 자주 열리는 것 같았다. 반려자는 화들짝 놀라며 이렇게 말했다.

"우리 모링이가 색맹인 줄 알았어요."

가구나 소품의 색도 마찬가지다. 자주 바뀌면 상당히 혼란스러워한다.

반사광 역시 그들에겐 익숙지 않다. 그들에게 반사광이란 고작해야, 비온 다음날 웅덩이 표면, 나뭇잎에 맺힌 이슬 위, 흰 눈, 밤에 다른 동물의 눈 등에서나 볼 수 있는 것들이었다. 그런데 유감스럽게도 집안 곳곳에는 시계, 창문, 형광등, 유리컵, 각종 모니터 등 반사광 제품들이 너무 많다. 물론 자주 보다 보면 민감 소실 효과에 의해 적응이 되기도 하지만, 안 그런 동물들이 더 많다.

동물들은 집안 곳곳의 반사광들 때문에 시력에 문제가 생기기도 한다. 물론 어떤 똘똘한 고양이는 거울을 보면서 자기 털을 손질하기도 하고, 원숭이 역시 거울 속 자기 모습을 유심히 관찰하면서 능청스런 표정을 짓곤 하지만 말이다.

동물들에게 안구건조증이 생기는 이유 중에 하나가 바로 반사광이다. 건조증이 생기면 눈이 가려워지고, 이 때문에 자주 긁다 보면, 각막염, 결막염 등으로 발전해 꽤 고생하는 동물들을 많이 보았다.

그러니 동물을 키울 때에는 이런 물건들은 최대한 줄이거나 무광 제품으로 바꿔주는 게 좋다. 굳이 새 그릇을 사지 않고, 수세미로 그릇의 유광만 없애주어도 동물이 만족해한다. 너무 밝은 빛도 그들에겐 해로우니, 형광등 대신 간접조명을 쓰는 것도 그들을 위한 세심한 배려이다.

🐾 좁고 폐쇄적인 은신처는 필수

그렇다면 동물들이 쉬는 데 필요한 집은 어떻게 꾸며줘야 할까?

"난 내 집이 없어요."

"엄마가 너를 위해 이렇게 예쁜 집을 꾸며줬는 걸?"

"내 방이 없다구요."

쓰레기를 모아두는 더러운 창고에 유난히 집착하는 개가 있었다. 그래서 교감을 한 결과, 이런 답변을 들었다. 이게 무슨 의미일까? 분명히 반려자가 특별히 신경 써 널찍한 고급형 크레이트와 푹신한 방석까지 마련해주었는데 말이다.

그들에게 은신처의 개념은 특별하다. 천둥, 번개 등의 천재지변, 외부 침입자나 힘센 동물 등으로부터 자신을 보호할 수 있는 안전한 공간이어야 한다. 천둥 소리가 들리거나 번개가 치면, 동물들이 소파나 의자 밑으로 숨는 이유는, 그곳이 안전하다고 믿기 때문이다. 자

연에서 생활했을 때 위험으로부터 자신을 보호하기 위해 땅을 파서 숨었듯, 은신처는 지하처럼 어둡고 폐쇄적이면서 조용하고 방해받지 않아야 비로소 그곳을 자기 집이라고 생각한다. 자기 몸집보다 유난히 큰 데다, 오픈형이기까지 한 크레이트는 개에게 은신처로서 영 마땅치 않았다. 그래서 찾은 집이 바로 구석진 밀폐형 창고였으며, 쓰레기더미인 그곳에 유난히 집착했던 것이다.

  은신처의 크기는 동물이 누웠을 때, 딱 두 배정도의 공간이면 족하다. 그리고 다른 면은 다 막아두고 입구만 살짝 뚫어두자. 외부를 경계하기 위해 두 눈을 빠끔히 내놓을 만한 조금의 빈틈은 그들에게 필수이기 때문이다.

또 주의해야 할 건 집 모양인데, 이동형 케이지 같은 형태의 집은 동물들이 싫어한다. 차를 타고 병원이나 미용실에 간 기억이 있다면 더더욱 그곳에 안 들어가려 할 것이다.

"또 주사 맞으러 갈 거잖아요. 주사바늘은 정말 싫다구요."

동물과 함께 살기로 마음먹었다면 제일 먼저 그들 마음에 쏙 드는 은신처부터 마련해줄 필요가 있다. 은신처가 없으면 그들은 온종일 불안하다. 언제 어디서 위험한 일이 생길지 모르는데, 대피할 공간이 없으니 마음이 편치가 않은 것이다.

🐾 Tip
개들이 잘 때는 깨우지 말자

개들은 온종일 뭘 할까? 우리들 눈으로 보기엔, 하릴없이 빈둥대다가 쿨쿨 잠만 자는 것 같지만, 결코 아니다. 그들도 하루 동안 그들의 임무에 충실했다. 킁킁거리며 냄새 맡고, 먼 곳의 소리부터 아주 미세한 진동까지 다 듣고 느꼈을 뿐 아니라, 집안에 반려자와 자신을 해치는 물건은 없는지, 이것저것 탐색했다.

그러니 그들이 잠을 자는 시간은 고된 하루 일과를 마치고 비로소 쉬는 시간인 것이다. "뭘 했다고 자는 거야, 나랑 놀아줘." 이러면서 깨우는 건 그들에 대한 결례다. 개의 경우에 사람보다 10~100배 정도 후각이 예민하다고 하니, 온종일 냄새만 맡아도 얼마나 피곤하겠는가.

그런데도 반려자가 건들었을 때, 심하게 화내지 않고 꼬리를 살랑살랑 흔드는 건, 반려자에 대한 배려 때문이지, 진짜 놀고 싶어서 그러는 게 아니다. 그러니 그들이 잘 때는 맘 편히 푹 자도록 놔두자.

훈련 No, 학습 Yes

동물도 사람처럼 강압적인 건 싫어한다. 몰라서 못하고 있는 것에 대해, 목줄을 메고 매를 들면 그들도 고통스럽고 수치감을 느끼며 우울해한다. 입장 바꿔 생각해보아도 밥 먹을 때조차 목줄을 메고 있다면, 밥맛이 뚝 떨어질 것 같다. 물론 '앉아, 일어서, 엎드려, 기다려' 정도는 알려주면 효과적이지만, 그 외의 행동 교정은 그들의 습성과 심리를 활용한 학습으로 충분히 가능하다.

동물들이 두려워하는 게 뭘까? 그들은 대부분 굶게 되는 것, 반려자가 사라지는 것, 고소공포증(고양이 제외)을 두려워하며 소리 신호에 반응한다. 이런 습성만 적극적으로 활용해도 기본적인 행동 교정은 자연스럽게 가능하다. 예를 들어, 음식을 먹지 않을 때마다 그릇을 치워버리고, 계속 짖기만 할 때마다 반려자가 모습을 감추면 어떻게 될까?

'어? 엄마, 어디가요? 난 엄마 사라지는 거 싫은데.'

'어? 떼 좀 쓴 건데, 밥그릇을 치워버리네. 나 그럼 종일 굶어야 되는 건가?'

스스로 인지하고 행동을 바꾸려할 것이다. 단, 모든 학습의 시간은 10분을 넘지 않게 한다. 학습 역시 마치 놀이처럼 동물도 반려자도 스트레스 없이 즐기면서 하는 게 가장 이상적이기 때문에 시간이 길면 좋지 않다.

🐾 맞벌이부부를 위한 동물 식사 학습법

아침에 엄마, 아빠가 서둘러 출근한 후에 혼자서 덩그러니 남아 아침을 먹는 아이, 생각만 해도 안쓰럽다. 그런데 대부분의 반려동물이 아침을 그렇게 먹고 있다. 아침마다 밥그릇에 밥을 주고 가족들이 모두 나가버리면, 그 밥을 쳐다보면서 동물들은 무슨 생각을 할까?

'우리 엄마는 언제 돌아올까?'

'엄마는 밖에서 밥을 챙겨먹을까? 요즘 힘들어 보이던데. 내가 이 밥을 먹어도 되는 걸까?'

'왜 아침만 되면 나가시지? 혹시 내가 뭘 잘못한 거라도 있나?'

온종일 집을 비운 반려자 생각에 시무룩해하고 걱정을 하는 건, 마치 혼자 있는 시간이 많아 나이에 비해 조숙해져버린 어린 아이와 똑같다.

 그러니 맞벌이 부부에게 동물의 급식은 참 신경 쓰이는 일이 아닐 수 없다. 반려자 부부가 바삐 출근 준비를 할 때, 동물들도 식사를 할 수 있게 하는 건 어떨까?

 이제부터 출근 30분 전에 음식을 줘보자. 물론 음식을 준 후, 분명히 반려자들은 출근 준비를 하느라 분주할 것이다. 옷장을 열고 닫는 소리, 옷 입는 소리, 차 열쇠를 짤랑이는 소리 등을 듣는 건, 동물의 기분을 침울하게 하거나 흥분시키는 원인이 된다.

 '저 소리가 나면 엄마, 아빠가 사라지는 거잖아. 그럼 난 또 혼자가 되는 거야.'

 이들이 이런 생각을 할 틈이 없이, 학습을 통해 맛있게 아침을 먹게 해보자. 포인트는 동물도 똑같이 분주하도록 상황을 만들어주는 것이다.

 1. 반려동물에게 밥을 준다.
 2. 5분 내로 먹지 않을 경우, 음식물을 조금씩 회수해, 과감히 버려버린다. 만일 사료를 먹인다면, 날마다 하루에 한 알씩 그렇게 한다. 그래도 먹지 않는다면, 5초에 한 알씩 회수해버린다.

 그러면 동물은 생각할 것이다.
 '어, 내가 안 먹으니, 엄마가 하나씩 치워버리네?'

'어어? 아예 다 없어져버렸네?'

이처럼 먹이가 없어진다는 불안감에 휩싸이는 것이다. 그러면 사라지기 전에 밥을 먹어야겠다는 생각에 부산을 떨며 식사를 한다. 단, 한꺼번에 다 치워버리면, 동물이 미처 생각할 시간을 갖지 못해 마음에 상처를 입을 수 있으니 주의하자. 결국 가족들이 출근준비를 하는 동안, 동물도 바지런히 밥을 먹을 수 있다. 이렇게 아침을 다 먹고 나면, 평소 좋아하는 간식을 아주 조금(식사 후이므로) 주고, 등을 쓰다듬어 준다. 언제나 학습을 잘 마치면 보상을 해주는 것도 중요하니까. 단, 보상물로 주는 간식은 한입에 넣어 금세 먹을 수 있는 것이 좋다. 퇴근 후에도 마찬가지다.

 1. 반려자는 옷을 모두 갈아입고, 할 일을 한다. 그동안 동물은 저녁을 기다린다.
 2. 바닥에 앉아 동물에게 저녁을 준다. 만약 먹지 않는다면, 아침과 똑같은 방법을 취한다.

 아무 때나 허겁지겁 밥을 먹어 장과 위가 망가진 동물이라면 더더욱 이 방법이 효과적이다. 대략 3~7일 정도 이렇게 규칙적으로 식사를 하면 장과 위가 다시 건강해지기 때문이다.

🐾 출싹대는 동물 산책시키기

 야생의 습성을 가진 동물들에게 산책은 필수다. 건강을 위한 운동 차원에서도 그렇고 집안에만 갇혀있으면 금세 우울증이 와 문만 열면 뛰쳐나가려 들 것이기 때문이다. 자연의 품에 안기는 것을 그들은 열렬히 환영하고 기뻐한다. 풀밭이나 흐르는 물가가 있는 곳이라면, 마치 친엄마라도 만난 듯 기분이 좋아 폴짝폴짝 뛸 것이다.
 그러니 일주일에 한 번씩은 동물에게 꼭 산책을 시켜주도록 하자. 먼저 산책을 하기 전에는 관절염 예방을 위한 준비운동 차원에서 스트레칭을 충분히 시키는 게 좋다. 부드럽게 등을 쓰다듬은 후, 팔다리를 꾹꾹 눌러준다.

그런데 이미 나가기 전부터 산책을 한다는 걸 알고 흥분하는 동물들이 있다. 그럴 때는 동물에게 눈길을 주지 말고, 소파에 앉아 책을 읽는 척 해보자. 책장을 넘겨가면서 책에만 집중한다.

"네가 그렇게 난리치면 엄마는 널 데리고 나갈 생각이 없어."

이 행동의 의미는 이렇게 말하는 것과 똑같다. 그러면 동물은 반려자 눈치를 보면서 차분해질 텐데, 그때 책을 덮고 소파에서 일어나자. 그런데 일어나면 또 다시 흥분하는 동물들이 있다. 그럼 다시 무표정하게 앉아서 책을 펴야 한다. 이게 반복되면, 나중에는 반려자가 산책 전에 책만 펼치려 해도 동물이 자동으로 차분해질 것이다. 스스로 차분하게 굴어야 빨리 밖으로 나간다는 걸 학습을 통해 익혔기 때문이다. 괜히 소리치면서 "너 이렇게 촐싹대면 엄마가 안 데리고 나갈 거야"라고 말하거나, 목줄을 당기면서 협박 아닌 협박을 하는 것보다 훨씬 효과적이다. 동물이 차분해지면, 그때 산책을 나간다. 만일 흥분한 상태로 나가면 반려자는 안중에도 없고 혼자서 마구 뜀박질을 할 것이다.

산책을 나선 후 5분은 천천히 걷고, 그 다음부터 차츰 속도를 낸다. 산책은 30분~1시간 정도면 충분하다. 그리고 집에 도착하기 5분 전에 다시 천천히 걷자.

집에 가자고 하면, 가고 싶지 않아 길거리에 누워버리는 동물들도

있는데, 이런 사태를 방지하기 위해선 묘안이 필요하다. 미리 간식을 조금 준비해두었다가, 집 현관문 앞에서 줘보자. 간식 먹을 생각에 집에 가는 길에도 신이 날 것이다.

집에 돌아온 이후엔 다시 팔다리 쭉쭉이를 해주고 발을 닦아줘, 피로를 풀어주자.

🐾 침대에 볼일을 보고 옷을 물어뜯을 때

〈늑대소년 모글리〉라는 만화를 보면, 늑대 세계 속 그들의 수장은 항상 높은 곳에 올라가서 무리들을 내려다보면서 "우오오" 하고 울음소리를 냈다. 자기가 서열 1위란 뜻이다. 그리고 그곳에서 한쪽 다리를 척하니 들고 아무렇지 않게 소변을 보았다. 자기만의 영역표시를 한 셈이다.

　서열에 민감한 건 동물의 습성이다. 사람과 함께 살아도 이런 습성은 여전히 남아있다. 그러므로 반려자가 자꾸 동물을 침대에서 데리고 자면, 반려자와 자신의 서열이 같거나, 혹은 자신이 더 높다는 착각의 늪에 빠져버린다. 그래서 반려자가 자다가 뒤척이면, 귀찮다며 확 물어버린다. 화가 난 반려자가 "내려가!" 하고 명령하면, 어이없게 덤벼들기까지 한다.

　"엄마가 뭔데 나한테 명령을 해? 난 엄마보다 서열이 높다고."

　설상가상으로 여긴 내 영역이니까 넘보지 말라는 의미로 침대에 소변까지 봐버리면, 반려자 입장에선 괘씸하기 이를 데 없어도 손 쓸 도리가 없다. 이 정도까지 동물이 오만방자해지면, 도통 사람의 말을 들으려하지 않기 때문에 학습을 통한 교정이 쉽지 않을 뿐 아니라 교감도 어렵다.

　"당신이 뭔데, 나한테 이래라 저래라 하는 거야? 난 우리 집에서 우두머리라니깐!"

　"네가 착각하는 게 있어. 엄마가 너를 위해 먹이를 구해다 주시잖아. 즉 너보다 엄마 서열이 더 높단 뜻이야. 너는 엄마를 위해 먹이를 구해다 줄 수 없지?"

　"난 엄마보다 힘이 세. 엄마를 이빨로 콱 물어버릴 수도 있지. 낄낄."

　"엄마도 너를 충분히 공격할 수 있어. 하지만 너를 사랑하기 때문에 그러지 않는 것 뿐이야. 힘을 쓰는 것보다, 참는 게 더 위대한 거야."

이렇게 조곤조곤 한참을 설명을 해주어야 비로소 치켜들었던 고개를 조금 수그리기 시작하는데, 이 단계까지 이해시키려면 진땀깨나 흘려야 한다.

물론 교감을 통해 동물을 이해시켰다고 해서 동물이 내 말을 100% 공감하는 건 아니다. 이때는 반려자가 동물에게 특별한 은신처를 만들어주고, 최고급 간식을 줄 필요가 있다. 그러면 동물은 '어? 엄마는 진짜 나를 위해 이런 귀한 먹이를 구해다 주는 사람이구나'라는 걸 믿고 고마운 마음에 다시 온순해진다.

교감 없이 바로 행동 교정을 하고 싶을 때는, 침대 위에 동물이 싫어하는 물건을 놓아두는 것도 방법이다. 드라이어나 청소기 등 평소 유난히 싫어하고 두려워하는 물건들을 침대 위에 올려놓는 것이다. 물론 동물 입장에선 심하게 배신감을 느끼겠지만, 두려워서 차마 침대 위로 올라오진 못한다. 그럴 땐 같은 방법으로 보상을 해주자. 그러면 동물도 오해를 풀고, 다시 엄마가 자기 위라고 받아들인다.

🐾 초인종 소리만 나면 짖는 개

사람만 오면, 딩동 소리만 나면 짖는 개, 어떻게 하면 좋을까? 배달원이 와서 물건을 주고, 반려자와 인사를 하고 값을 치르는 동안 강아지는 컹컹 짖기 시작한다. 그리곤 배달원이 나가고 나서야 짖는 걸 멈추고 회심의 미소를 짓는다.

'내가 사납게 짖으니 겁이나 도망가는군. 내가 엄마를 지켜준 거야.'
이때 "착하지, 조용히 하렴" 하면서 안아주면 더 곤란하다.
'것 봐, 엄마도 내가 잘했다고 칭찬해주잖아.'
그러면서 고개를 으쓱한다. 명백한 착각인지도 모르고 말이다. 흥분한 목소리로 "짖지 마!" 해도 마찬가지다. 반려자의 고음은 그들에게 긍정의 소리이니, "더 짖어"라고 받아들이고 더 목청을 높일 뿐이다.
보통 이럴 땐 짖든지 말든지 무시하는 것도 방법이다. 아무 반응이 없으면 나중엔 제풀에 지쳐 짖기를 멈춘다. 그런데 대게 이 경지까지 이르려면 2~3주는 참을 각오를 해야 한다.

좀 더 빠르게 교정하고 싶다면, 배달원이 오기 5분 전쯤, 드라이어나 청소기 등을 틀어놓자. 그냥 현관문 앞에 틀어만 두어도, 개는 '앙, 저 소리, 저 진동 정말 싫어!' 하면서 스트레스를 받기 시작한다.

그리고 5분 후에 배달원이 들어와서 청소기나 드라이어를 꺼버리면 된다(배달원에게 동물을 학습시키고 있으니, 꺼달라고 부탁한다). 외부인이 올 때마다 이를 반복하면, 개는 '배달원이 오니, 저 괴물 같은 것들이 꺼지네. 아, 배달원은 좋은 사람이구나'라고 판단하고 그들을 반기게 될 것이다.

🐾 아빠만 보면 으르렁 컹컹

강아지 어리는 아빠만 보면 "으르렁, 컹컹" 못 잡아먹어 안달이었다. 심지어 아빠 와이셔츠나 구두를 물어뜯고, 그 위에 오줌을 싸버리는 경우도 있었는데 도대체 왜 그런 걸까?

"그냥 아빠가 엄마를 빼앗아 가는 것 같아서 그랬어요. 그리고 전 아빠 냄새도 무지 싫어요. 술 냄새도 풀풀 나고, 만날 집에 늦게 오구요. 그래서 전 아빠 곁에도 가고 싶지 않아요."

아빠와 엄마가 다정히 있는 모습을 보고 아리는 질투를 하는 것 같았다. 게다가 아빠 특유의 남자 냄새, 그리고 특히 술 냄새가 아리에겐 독하게 느껴지기도 했고 말이다. 이럴 땐 어떻게 하면 어리가 아빠를 좋아하게 될까?

반려자인 엄마가 퇴근 후 돌아온 아빠의 어깨를 주물러주면 좋다. 그러면 어리는 둘 중 하나를 생각한다.

첫째, "어? 엄마가 아빠를 마구 때리네? 그런데도 아빠가 그냥 맞고만 있잖아? 에구, 불쌍하다. 앞으론 나라도 아빠에게 잘 해줘야겠다."

둘째, "엄마가 아빠 어깨를 마사지해주네. 아빠가 우리 집 1등이구나. 나도 앞으론 아빠를 잘 따라야지."

둘 중에 어떤 생각을 갖게 되건 간에, 어리는 아빠 앞에서 더 이상 짖지 않게 될 것이다. 개를 조용히 하게 만듦과 동시에 부부 금실까지 좋게 하는 학습법이니, 꿩 먹고 알 먹고다.

바깥에서 아빠 구두 소리만 들려도 짖는 개에겐 집배원에게 썼던 방법을 똑같이 쓰면 된다. 후각과 청각이 발달한 그들은 구두 굽 소리만 들어도 아빠인 줄 알고, 목이 터져라 짖기 시작할 것이다. 아빠를 심하게 질투하는 개라면 말이다.

🐾 아무리 불러도 은신처 안에서 꼼짝 안 한다면

아무리 불러도 거실로 안 나오는 개라면 분명 거실에서의 안 좋은 기억이 있을 것이다. 어쩌면 엄마가 안 보는 사이, 아빠한테 한 대 '꿍' 하고 맞았을 수도 있다. 어찌됐건 나름대로 스트레스를 받아 삐져서 은둔하고 있는 것이다. 그럴 때는 거실 온도를 아주 고온으로 설정해둔 후, 앞발로 충분히 열 수 있을 정도로 은신처의 문을 조금

만 열어두자. 결국 더위를 못 견뎌 기어 나올 것이다. 그러면 거실에 간식과 물을 미리 준비해두고 먹게 해서 토라진 맘을 달래주자.

그런데 고양이의 경우는 얘기가 좀 달라진다.

"아무리 불러도 은신처에서 안 나와요. 만지려고 하면 손톱을 들어 올리구요."

큰마음 먹고 길고양이 한 마리를 데려온 한 고객은, 자기를 안 따라주는 고양이에게 못내 섭섭한 마음을 감추지 못했다. 길고양이들은 사람이 만지는 것 자체를 별로 좋아하지 않는다. 그러니 친해지기 전에 만지려고 들면 더더욱 은신처에서 꼼짝 않고 안 나올 것이다. 그럴 때는 방법이 있다. 그들은 추위를 못 견디므로, 아예 거실의 보일러를 꺼버리고 은신처 밖에만 전기장판을 깔아두자. 그러면 그곳의 열감을 감지하고 냉큼 나올 것이다. 그때 간식을 준다. 사람 품에 절대 안 오려 하는 길고양이일 경우엔, 드라이어를 켜서 은신처 옆에 놔두자. 시끄러워서 결국 나온다. 그리고 반려자의 체온을 느낀 후 옆에 와서 살포시 누워 "야옹" 하며 애교를 부릴 것이다.

🐾 소리 지르지 말고 신문을 펴라

신문과 부채, 우산 등 펼쳤을 때 소리 나는 도구는 동물의 행동 교정에 아주 효과적이다. 동물은 그 소리에 깜짝깜짝 놀라기 때문이다. 괜히 소리질러봤자 반려자의 목만 아프고 동물도 주눅 들거나, 오히려 이를 칭찬으로 받아들이고 더 이상한 행동만 할 뿐이다.

평소에 이들 소리에 깜짝 놀라라는 의미로, 이 소리들을 자주 들려주자. 그리고 동물이 지정된 장소가 아닌 다른 곳에 볼 일을 보려고 하면, 그곳으로 가 부채를 쫙 펴는 것이다. (최소 35cm이상 길이의 부챗살이 있는 부채를 써야 한다. 그리고 아주 강하게 0.1초 만에 펼쳐야 한다.)

'어? 여긴 아닌가봐.'

깜짝 놀라면서 다른 곳으로 간다. 변을 먹는 이상 행동을 보일 때, 동물이 보는 앞에서 신문을 쫙 펼치고 그 신문 위에 변을 올려두면, 무서워서 안 먹는다. 화장지나 안경이나 휴대폰을 물어뜯는다면 이것들을 신문 위에 올려두어도, 역시 소리 나는 신문이 싫어서 냉큼 피한다. 단, 이것들을 펼칠 때, 혹시 동물이 다칠 수도 있으니 동물과의 거리는 30cm 이상 유지하도록 하자.

동물이 서열을 혼돈할 때는, 동물 앞에서 제일 먼저 아빠가 부채를 쫙 펴고, 그 다음엔 엄마가, 그다음엔 자녀가 편다. 자기가 무서워하는 것을 자유자재로 사용하는 이들이니, 분명 자신보다 서열이 높을 것이라 판단하고, 속으로 기죽어 할 것이다. 만일 갓난아기가 있는 집이라면 아예 부채나 신문을 아기 옆에 항상 놓아두자. 그 근처는 얼씬도 안 할 것이니, 사고 예방에 효과적이다.

이 모든 걸 잘 지켰을 때는 즉시 칭찬하되, 결코 호들갑스럽게 칭찬하면 안 된다. 그러면 또 흥분하느라, 자기가 무엇 때문에 칭찬 받았는지 금세 까먹어버린다. 그러니 꼭 잘 한 행동 후, 2초 이내에 아주 짧게, "잘했어" 혹은 "옳지"라고만 말해주자. 간식 역시 행동 후 10초 이내에 준다. 그래야 칭찬에 대한 보상이라는 걸 기억하고, 또 먹기 위해 예쁜 짓을 하니까. 그런데 이때 간식으로 질긴 것을 주는 건 삼가야 한다. 질겅질겅 씹다가 그만, "어? 근데 엄마가 나한테 이거 왜 줬지?" 하며 고개를 갸우뚱하게 된다. 동물의 기억력은 사람처럼 지속되지 않기 때문에, 칭찬을 할 때 이 사실을 염두에 두어야 한다.

🐾 Tip

신문이나 우산을 사용할 때 주의할 점

평소 신문을 배변판으로 사용하는 경우나 우산을 실내외에서 자주 보여주는 경우라면 신문과 우산은 사용하지 않는 게 좋다. 어디서든 신문과 우산만 보면 기분이 나빠지기 때문이다. 또 심장에 문제가 있는 동물에게는 사용하지 말자.

🐾 신혼부부에게 아기가 생겼더라도

아기가 없는 신혼부부에게 동물은 첫 아들, 혹은 첫 딸이나 마찬가지다. 그런데 그러다 진짜 아기가 생기면?

그때는 상황이 묘하게 복잡해진다. 왠지 반려자 입장에선 동물이 아기를 할퀴기라도 할까봐 노심초사해진다. 동물 처지에서도 아기가 불청객인 건 마찬가지. 마치 첫째 아이가 갓 태어난 동생을 질투하는 것처럼, 동물도 질투하기 시작한다. 반려자인 엄마가 안 보는 사이 갓난아이에게 해코지할 수도 있다. 아이들도 부모들이 안 볼 때 동생을 때리거나 꼬집는 것처럼 말이다.

이럴 때는 동물에게 갓난아이란 존재가 익숙해질 수 있도록 학습을 시켜줘야 한다. 아이가 태어나기 전부터 학습을 시작하는 것이 좋다.

먼저 젖병을 비롯한 아기 용품과 아기 크기만 한 인형을 구입한다. 그리고 인형에게 분유를 먹이고, 씻기는 모습을 미리 보여줘, 아기의 존재를 눈에 익게 하는 거다. 처음엔 '헉, 뭐야?' 하다가, '음, 저렇게 돌보는 아이구나'라고 생각하게 될 것이다. 아니면 미리 분유나 아기 용품들을 집에다 비치해 놓거나, 동물에게 분유냄새를 자주 맡게 해주는 것도 좋다.

그러다가 드디어 병원에서 아기를 낳아 집에 데려온 후에, 동물이 아기 옆에 왔을 땐, "저리 가!"라고 해선 안 된다. 동물이 심하게 상처를 받기 때문이다. 또한 혹시라도 동물이 아이를 밟기라도 할까봐, 아이를 감추는 것도 좋지 않다. 결국 동물의 호기심이 극에 달해 엄

마가 자리를 비웠을 때, 아이를 툭툭 건드려보게 되고, 그러다가 사고가 나면, 그때는 정말 일이 커질 테니 말이다.

 동물이 아기 옆으로 다가오면 자연스럽게 아기의 모습을 보여주자. 그리고 분유를 줄 때는 아기 옆에 신문을 쫙 펼쳐놓고, 그 옆에다 동물의 급식대를 두고 함께 밥을 먹게 하면 좋다. 이것은 "이 아이는 너와 함께 밥을 먹는 가족이란다"라고 동물에게 말해주는 것과 똑같다. 그러면 동물도 생각한다.

 "나랑 함께 밥을 먹는 아이네? 소중하게 다뤄야겠다."

 동물이 이렇게 이해하기 시작하면, 혹시라도 아이에게 무슨 일이 생길 때 가장 먼저 몸을 아끼지 않고 아이를 보호하려들 것이다. 가족을 사랑하는 마음이 그만큼 크기 때문이다.

가혹한 훈련은 동물학대다

동물을 훈련시키는 일이 위험한 것은, 이것이 자칫 동물학대가 될 수 있기 때문이다. 내가 생각하는 동물학대란, '동물과 인간의 지속적인 행복 및 규정(반려자 혹은 보호자의 반려상황에 맞게 정해놓은 일정한 규율) 준수의 목적 외 이유로 동물의 심신에 고통을 가하는 모든 행위'이다. 결국 가혹한 훈련으로 동물이 심적으로 혹은 육체적으로 고통을 받고 있다면, 이것은 엄연한 학대인 것이다.

물론 반려자 입장에서 '혹시 학대가 아닐까'라고 생각하는 일이 실제로는 학대가 아닌 경우도 있다.

"유기견을 데려왔는데, 방이 하나밖에 없어서, 가족들과 상의 후에 마당에서 키우기로 했어요. 우리가 개를 학대하는 걸까요?"

이렇게 문의해온 고객이 있었는데, 이는 고객이 걱정하는 것처럼 학대가 아니다. 집안 환경이 여의치 않아 어쩔 수 없이 가족들과 상의 후, 마당에서 키우자는 규정을 그들끼리 만든 것이기 때문이다.

모쪼록 학대란, 우리가 생각하듯 동물을 고의적으로 때리고 괴롭히는 일에만 국한되는 것이 아님을 알 필요가 있다. 우리 스스로 인지하지 못하는 사이, 내가 사랑하는 동물이 학대당하고 있는 것일지도 모르기 때문이다.

주사 접종시
꼭 기억할 것

"난 의사가 무서워요. 내 몸을 잘 모르는 것 같아요. 물론 엄마, 아빠가 날 사랑해서, 날 건강하게 해주려고, 주사를 맞힌 건 잘 알아요. 그런데 주사를 맞고 제 몸에 독이 퍼졌어요."

 광견병 예방주사를 맞고, 온 몸에 독이 퍼진 가엾은 개가 나에게 한 이야기이다. 개의 나이는 무려 일곱 살이었다. 이렇게 고령일 때는 주사의 용액 비율에 매우 신중을 기해야 한다.

 야생에서의 동물은 자연치유력이 강했지만, 사람들과 함께 살면서 그 면역력은 전반적으로 많이 떨어졌다. 낯선 환경에 적응하면서 일어나는 어쩔 수 없는 현상이다. 이런 동물에게 병원에서 맞는 주사가 때로 독이 되어버리는 경우를 많이 봐왔다. 심지어 주사를 잘못 맞아 세상을 뜬 동물들도 있다.

이런 일을 막기 위해 주사 접종 전에 충분한 문진이 이루어져야 한다고 생각한다.

😺 문진 없이 주사를 놓지 않는다

우리가 병원에 가면 의사들이 문진이라는 걸 한다.

"최근 과음을 하시거나, 스트레스를 받은 일은요? 흡연은 하시나요?"

"만성적으로 앓고 있는 질환이 있거나, 최근에 약을 복용한 적이 있습니까?"

이런 질문들을 하는 이유는 개개인이 처한 현재 상황이나 습관이 몸 상태에 영향을 끼치기 때문이다. 동물들도 마찬가지다.

"최근에 혹시 이사를 하진 않았나요?"

"특정 음식에 대한 알레르기는 없나요?"

"최근 일주일 사이에 미용을 하진 않았나요?"

이런 질문과 구체적인 답이 오간 후, 동물의 상태에 맞춰 주사 접종을 해야 한다. 보통 이런 상황들이 동물에게 스트레스를 유발해 몸의 면역력이 평소보다 더 떨어져 있을 확률이 높기 때문이다.

그리고 이런 때엔 주사를 함부로 맞아선 안 된다. 이때의 주사는 약이 아니라 독이 될 수 있다. 어떤 강아지는 예방접종을 한 후 몸에 열이 나고 구토를 하다가 결국 호흡곤란으로 세상을 떠났다. 알고 보니 최근에 반려자가 회사를 옮겼고, 그로 인해 퇴근 시간이 달라져

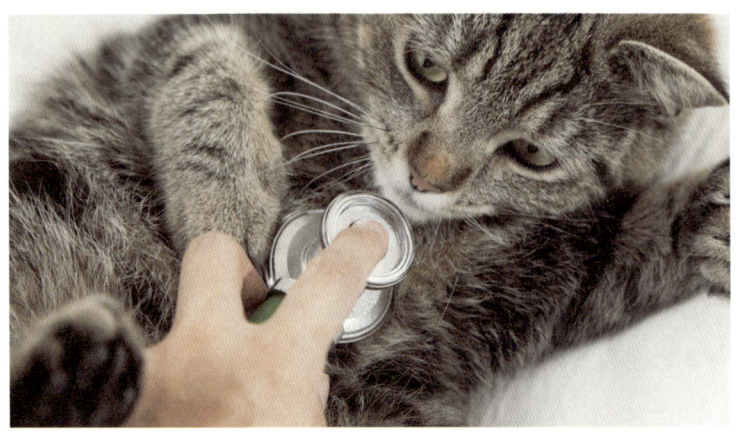

동물이 스트레스를 받은 상태였다. 그런데 이런 상황에 대한 고려 없이 주사를 맞은 것이다.

🐾 주사가 스트레스가 되지 않으려면

　동물병원에 가면, 반려자 역시 동물의 최근 상황을 일일이 의사에게 이야기해주어야 한다.

　"우리 아이는 주사를 맞기만 하면 피부질환이 와요" "최근에 밥을 잘 안 먹었어요" 등 아주 사소한 변화까지도 모두 의사에게 알릴 필요가 있다. 병원에서 주사를 맞고 동물의 건강이 안 좋아져 교감을 신청하는 경우가 많아 너무 안타깝다.

　동물에게는 주사를 맞는 행위 자체가 극심한 스트레스가 된다. 다람쥐나 토끼의 경우, 주사바늘이 몸에 들어온 순간, 스트레스로 죽기도 한다. 몸이 안 좋아진 동물들에겐 더 없이 그럴 것이다. 이 때문에 주사 접종은 반드시 신중할 필요가 있다.

> **Tip**
>
> ### 교감으로도 가능한 촉진
>
> 교감을 통해 동물의 병을 알아내는 것도 가능하다. 3장에서 소개하겠지만, 동물과 교감 중 몸의 특정부위가 아파온다면, 그건 대게 동물의 그 부위에 문제가 있다는 뜻이다. 그런데 꼭 그런 투감이 아닌, 촉진을 통해서 동물의 병을 알아챌 수도 있다. 갓난아이가 태어나면서, 잠시 다른 곳으로 옮겨졌던 강아지 까미가 다시 집으로 돌아왔을 때의 일이다. 나는 까미를 직접 만나 반갑게 인사를 나누었다. 그런데 살짝 까미의 몸에 손을 대었을 때, 내 손가락 끝으로 심상치 않은 느낌이 전달되어 왔다. 나는 까미 아빠에게 말했다.
> "까미의 심박과 맥박이 매우 불규칙해요."
> "그런가요? 예전에도 그런 적이 있어서 병원에 가보았는데, 별 문제 없을 거라 했어요. 밥도 잘 먹고 컨디션도 좋아보여서 별 걱정 안 했는데……."
> "당장 까미를 병원에 데려가서 정밀검진을 받아보세요. 심장에 문제가 있을 확률이 높아요. 심장이 안 좋으면, 신장도 나빠질 수 있어요."
> 그렇게 까미 아빠는 까미를 병원에 데려갔고, 아니나 다를까 부정맥 그리고 신장과 자궁 이상이라는 검진결과를 받았다. 다행히 진행 초기여서, 큰 문제는 없었지만 조금만 늦게 발견되었더라면 문제가 커질 뻔 했다.
> 이때 나는 까미를 촉진한 셈이다. 물론 이것은 수의사의 전문적인 진찰 영역이지만, 교감으로도 어느 정도는 가능하다. 까미의 심장과 하나로 연결된 동맥이 내 손가락 끝으로 메시지를 보내온 셈이다.
> "나는 지금 힘들고 정상이 아니에요. 나를 치료해주세요"라고 말이다.

이사와 이동 스트레스

"엄마에게 하고 싶은 말은 없니? 아저씨가 전해줄게."
"전 더 이상 이사하고 싶지 않다고 말해주세요. 이동은 정말 싫거든요."

동물은 대부분 이사하고 이동하는 것 자체에 스트레스를 받는다. 이사는 그들에게 버림받는 것과 동일한 것이기 때문이다. 특히 과거에 이집 저집 옮겨 다녔다면 더욱 그렇다. 새 반려자에게 적응하는 것도 두렵지만. 새집에 익숙해지는 것도 그들 입장에선 여간 힘든 일이 아니다. 익숙지 않은 가구 배치, 새로운 색깔과 문양의 벽지와 장판, 그리고 주변의 소음 앞에서 평소 안 하던 이상행동을 하는 것도 그 때문이다. 앵무새 핑구 역시 그랬다.

"난 이유도 모른 채 이상한 곳으로 옮겨졌어요. 그러면서 내 몸에 이상이 오기 시작했어요. 신경이 날카로워졌다구요."

핑구는 새집으로 이사 간 다음날부터 크게 앓았고, 먹이도 잘 먹지 않았다.

이런 일을 방지하기 위해선 동물에게 미리 이사를 해야 하는 이유와 이사를 하면 좋은 점이 무엇인지 이해시킬 필요가 있다. 그리고 동물만 어딘가로 보내지는 게 아니라 반려자와 함께 더 좋은 곳으로 간다는 사실을 알려주자.

🐾 이사 후 혼란스럽지 않으려면

"엄마가 곧 핑구를 데리고 다른 집으로 이동할 거란다."

"왜 가요? 여기도 좋은데?"

"그 근처엔 먹을 게 훨씬 많아서 가는 거야. 핑구를 괴롭히는 동물들도 없으니 훨씬 안전할 거고."

"그래요? 그럼 일단 가봐요."

교감을 통해 이렇게 말해주면 동물들도 새집에 대한 호기심이 생길 것이다. 야생에서도 그들은 천재지변이 발생하거나 목숨을 위협하는 동물이 나타나거나 혹은 먹잇감이 떨어졌을 때, 새로운 곳으로 이동해왔기 때문이다.

그리고 반려자는 이사한 뒤 반드시 약속을 지켜야 한다. 처음에는 동물이 좋아하는 간식을 평소보다 많이, 자주 줄 필요가 있다. '어?

진짜네. 여기가 훨씬 좋은 데구나'라고 생각할 수 있게 말이다.

또 동물들이 혼란스러워하지 않도록, 새로운 가구는 당분간 들이지 않는 게 좋다. 가구 배치 역시 이전 집과 비슷하게 하고, 새집증후군을 일으킬 만한 페인트 등 화학제품은 사용하지 않아야 한다. 또 사료, 간식은 물론, 각종 식기, 이동장 등 동물이 기존에 쓰던 물건들도 바꾸면 안 된다. 이사하는 새 마음으로, 동물의 물건을 모두 새것으로 재구비하는 경우가 있는데, 동물의 이상행동을 불러오는 원인이 되므로 꼭 주의하자.

🐾 동물을 데리고 새집 답사하기

동물을 데리고 미리 이사할 집을 답사하는 것도 좋다. 새집을 탐색할 수 있도록 집에 풀어둔 후, 다른 방문은 모두 닫고 방을 하나씩 소개해준다. 방문을 모두 열어두면, 동물은 혼란스러워 하며 경계심을 가지기 때문이다. 그리고 집 주변도 산책시켜주자.

사전 답사를 통해 그들이 새집을 충분히 탐색하고 경계할 만한 요소들이 없는 안전한 은신처라는 확신을 갖게 된다면, 이사 후에도 큰 문제가 일어나지 않는다.

이렇게 사전답사를 거치지 않고, 곧바로 이사를 해버리면 그날부터 이들의 업무는 과부하가 된다. 탐색이 본능인 이들은 이곳저곳을 다 살펴보지 않을 수 없는데, 하루 만에 이 모든 것을 다하려니 지치고 피곤해져 병이 나기도 하고, 변을 못 가리거나 공격적으로 변하게 된다. 고양이의 경우엔 갑작스레 집의 구조가 바뀌면, 가출을 해버리기도 한다. 이사는 동물에게 굉장한 스트레스라는 사실을 꼭 알아두어야 한다.

🐾 Tip
이동시 캐리어 안으로 들어가지않을 때

동물은 대게 캐리어 안으로 들어가는 걸 싫어한다. 그곳에 들어가면 차를 타고 가서 미용을 하거나 병원에 간다는 걸 경험을 통해 알고 있기 때문이다. 동물이 캐리어에 들어가지 않으려 할 때는, 현관문을 열고 캐리어를 문틈에 둔 후, 반려자 먼저 문 밖으로 나가서 동물을 부른다.

"이리 와."

이렇게 유인하면 엄마를 따라가고 싶은 마음에 캐리어 안으로 쏙 들어갈 것이다. 게

다가 미리 캐리어 안에 반려자의 냄새가 배어있는 담요 등을 넣어주면 심리적으로 훨씬 안정감을 느낀다. 간식까지 넣어주면 금상첨화. 나중에는 그 무서운 자동차 안에서도 쿨쿨 잠을 잘 정도로 편안해한다.

이사 후 유난히 짖을 때

새로운 바깥 세계가 궁금해서 그런 것이니, 집 주위를 산책시켜주자. 동서남북 방향으로 반경 10km 정도면 족하다. 이때 첫째 날은 동쪽 방향, 그 다음날엔 서쪽 방향, 이런 식으로 동서남북 순서대로 구경을 시켜준다. 혹시라도 나중에 집을 잃어버렸을 때, 방향과 방위를 기억하고 스스로 찾아올 수 있기 때문이다.

이사 후 사료를 먹지 않는다면?

평소에 가던 마트가 이사 후 바뀌면서 기존에 먹던 사료가 아닌 다른 브랜드의 것으로 바뀌지 않았는지 확인해보자. 바뀐 성분 중에 동물과 맞지 않는 게 있을 수 있으니, 주의 깊게 관찰해야 한다. 만약 그렇다면 이사 직전의 먹이와 똑같은 것으로 준비해줄 필요가 있다.

할 말이 많은 사료와 가정식

동물의 미각은 사람보다 둔하다. 그들은 음식을 먹을 때 후각과 촉각을 더 많이 사용한다. 즉, 입에 물었을 때의 냄새, 크기와 모양, 온도, 입천장에 달라붙는 점성 등을 더 중요하게 생각한다는 뜻이다. 교감을 할 때 먹을 것에 대한 이야기는 빠질 수가 없다. 그들이 얼마나 할 말이 많겠는가.

"지난번에 엄마가 주었던 말랑말랑하고 달콤했던 거, 그거 다시 먹고 싶어요."

"전 양파를 무지 싫어하거든요. 냄새만 맡아도 기절할 것 같아요. 으윽."

"뜨거운 건 싫어요. 입천장 댈 뻔 했다구요. 엄만 그것도 모르고!"

나 역시 한 끼 밥을 설렁설렁 먹거나 맛없는 걸 먹으면 그날 기분이 별로이다. 그런데 동물들도 더했으면 더했지 덜하진 않았다. 같은 회사의 사료와 간식이라 하더라도, 재료가 바뀌거나 강도나 점성이 다르게 만들어질 수 있는데, 여기에도 무척 민감하게 반응할 정도였다. 그러므로 날마다 먹이는 음식이라 할지라도, 반려자가 매일 같이 손으로 만져보고 부셔봐야 한다. 이 과정을 거치지 않아, 안타깝게도 장에 문제가 생겨 세상을 떠난 동물도 있었으니, 정말 주의할 일이다.

🐾 토토가 세상을 떠난 이유

"난 어쩌면 조만간 하늘나라로 갈지 몰라요."

"왜지?"

"내가 먹는 음식에 문제가 있어요."

한 토끼와 교감 도중 이런 말을 들었다. 그래서 반려자에게 물어보니, 함께 살던 토토라는 토끼가 먼저 장에 이상이 생겨 하늘나라로 갔다고 했다. 하지만 음식물은 항상 그 전에 주던 것을 주었기 때문에, 변화가 없다며 의아해했다.

"분명 음식에 문제가 생긴 것 같아요. 다시 곰곰이 생각해보세요."

나는 계속 이렇게 물었다.

"사실, 토토가 떠나기 보름 전부터 음식을 안 먹긴 했어요. 다른 아이들도 잘 안 먹는 것 같았구요. 하지만 분명 그 전과 다른 음식을 준 건 아니에요. 사료를 냉동고에 한 번 넣었다 빼긴 했지만요."

하지만 그게 전부가 아니었다. 반려자가 혹시나 해서 사료업체에 연락을 해보았더니, 작년 12월부터 사료의 성분이 조금 바뀌었다고 했다. 정확한 영문은 모르겠지만, 어쨌든 사료의 변화로 인하여 토토의 장이 약해졌고, 음식물이 결국 장을 막아버려 세상을 떠나게 된 것이다.

토토가 먼저 그렇게 간 이유를 다른 토끼들은 모두 알고 있었던 것이고, 역시 같은 이유로 죽게 될까봐, 공포에 떨고 있었던 것이다.

🐾 사료가 결코 최선은 아니다

나는 반려자들에게 사료는 웬만하면 동물에게 먹이지 말라고 말한다. 날마다 가공식품만 먹는 건 사람이든 동물이든 건강에 결코 좋을 리 없다. 동물들이 나이가 들면서 생기는 각종 암(종양)이나 신장병, 간 질환 등의 원인이 사료에 포함된 화학제품이라는 연구결과도 있다.

고양이의 경우, 건사료를 먹이면 탈수증에 시달리기도 한다. 고양이들이 걸리는 질병 중 70% 이상이 비뇨기성인 걸 감안할 때, 무척 심각한 현상이다. 따로 물 마시는 걸 좋아하지 않는 고양이를 위해서 수분이 충분히 포함된 음식은 필수다. 게다가 그들은 육식동물이기 때문에 동물성 단백질을 섭취해주어야 하는데, 건사료의 단백질은 식물성이니, 결국 생선을 좋아하는 육식동물에게 초식동물의 먹이를 주고 있는 꼴이다.

 사람도 체질에 맞는 음식을 먹어야 건강해질 수 있다. 몸이 찬 사람에게는 성질이 따뜻한 음식이 필요하고, 위장이 약한 사람에겐 부드러운 연동식이 필요하듯, 동물도 몸 상태에 맞는 맞춤 음식이 가장 이상적인데, 그게 바로 가정식이다.
 가정식을 먹이면, 동물에게 무슨 알레르기가 있는지, 어떤 영양소가 부족한지 등을 쉽게 알 수 있다. 먹여보고 변 상태나 피부 상태를 보면 즉각 답이 나오기 때문이다. 개에게 가정식만 먹였을 경우, 무려 20년 가까이나 살 수 있다고 한다. 보통 평균 수명의 두 배 이상을 사는 셈이다.
 가정식은 생식과는 다르다. 동물에게 생식이란 '조리 안한 육고기와 채소'이지만 가정식은, '가정에서 직접 동물의 상태에 맞게 만들어주는 음식'을 말한다. 사람은 생채소를 잘 소화해내지만 동물의 경우는 그렇지 못하다. 야생의 동물이야 다르겠지만 집에서 사는 동물에겐 채소도 완전 생으로 주지 말고, 불에 반 정도 데쳐서 주는 게 좋다. 특히 신장에 문제가 있을 경우엔 반드시 그래야 한다.

🐾 소금기를 주의할 것

땅에서 나고 자란 채소나 과일 그리고 생선과 육고기들이 대부분 동물의 먹을거리이다. 개의 경우, 바다에서 나는 음식들, 호박, 시금치, 콩(두부), 상추, 양배추, 배추, 당근, 고구마, 바나나, 참외, 수박, 딸기, 꿀(소량), 쉽게 사냥할 수 있는 동물들을 먹이면 된다. 다만 감이나 감자는 그다지 그들 몸에 잘 안 맞고 양파는 중독증을 일으키기도 한다. 커피나 초콜릿 같은 가공식품 또한 당연히 동물에게 맞지 않다.

동물에게 먹일 가정식은 사람이 먹는 것과는 다르다. 사람의 요리에 조미료 특히 소금은 필수지만 동물에게는 그렇지 않다. 사람의 몸에 필요 이상으로 쌓인 소금을 완벽하게 분해하려면 최소 5000년이 걸린다고 한다. 하물며 동물은 어떨까. 최소 그 배의 시간이 걸릴 것이다.

사람 역시 소금을 섭취하되 필요 이상으로 과하게 먹으면 건강에 무리가 온다. 그런데 동물은 소량의 소금만으로도 몸이 전체적으로 망가질 수 있다. 혈액순환에 문제가 생기기 때문이다. 노폐물을 걸러

주고 칼륨과 나트륨을 분해해주는 신장은 피를 뿜어내는 심장과 삼투압 관계로 연결되어 있다. 신장에 노폐물이 쌓이면 이를 중화시키기 위해 심장에서 혈액을 더 뿜어내야 하는데, 그러려면 당연히 심장에 압박이 가해지고, 심하면 혈관에 구멍이 생기거나 혈전이라는 침전물이 생겨 혈액순환을 방해한다. 이렇게 되면 사람과 똑같이 동물도 합병증이 생겨, 병치레를 하다 수명이 단축돼 세상을 뜨게 된다.

  동물에게는 그들만의 레시피를 적용시키자. 조금씩 먹여본 후, 동물이 거부하거나 몸에 이상증세가 나타나면, 방법을 달리하거나 재료를 바꿔야 한다. 음식으로 인한 병이 날로 늘어가면서 사람들 역시 까다롭게 재료를 고르듯 동물들도 마찬가지다. 특히 나이 들고 아픈 동물일수록 음식에 더 정성을 들여야 한다는 걸 명심하자.

변을 안 가리는 고양이,
못 가리는 개

 "우리 고양이 코코가 남편 옷에 볼일을 봤지 뭐예요. 아무리 혼내도 말을 안 들어요."

"고양이가요? 설마요. 코코 너, 왜 그랬어?"

"정말 저도 속상해요. 저랑 함께 사는 고양이 아시죠? 걔가 저한테 자기 화장실을 쓰지 말래요. 그래야 제가 쫓겨날 거라고. 엄마 사랑을 자기가 다 독차지하고 싶은 거죠. 아저씨, 그래서 저는 엄마한테 제발 저 좀 도와달라고 말하기 위해 아빠 옷에 볼 일을 본 거라구요."

"엄마는 그걸 모르시고, 지금 화가 나있어."

"알아요. 제 마음도 모르시고, 저를 딴 곳에 보내려고 하시잖아요."

"그럼 네 화장실을 따로 만들어주면 문제가 없겠구나?"

"바로 그거에요. 아저씨, 엄마한테 꼭 좀 전해주세요."

실제로 고양이는 변을 아주 잘 가리는 매우 깔끔한 동물이다. 특히 생후 3개월이 되면, 외부에 자신을 노출시킬 위험을 방지하기 위해 배설물을 덮는 행동이 필수임을 본능적으로 안다. 학습 없이도 이게 가능한 동물이 바로 고양이인 것이다. 그런 그들이 배설 때문에 말썽을 일으킨다면 이것은 분명 무언가 문제가 있다는 뜻이다.

"내 얘기 좀 들어달라구요, 정말!"

이렇게 말하는 것과 똑같다. 다시 말해 못 가리는 게 아니라, 안 가리는 것이다. 코코처럼 궁지에 몰려 엄마에게 SOS를 치기 위해 그런 경우도 있지만, 대게는 다음의 이유들 때문이었다.

🐾 모래의 입자는 굵지 않게

우선 화장실 모래가 굵은 입자면 참으로 곤란하다.

'이건 덮어도, 냄새가 펄펄 새나가겠군.'

고양이들은 굵은 입자 사이로 그들의 비밀인 변 냄새가 새나갈지도 모른다는 걸 곧 알아차린다. 그래서 그곳은 변을 보기 부적합하다고 생각한다. 물론 반려자 입장이 아니라, 고양이 입장에서 모래 입자가 굵은지 판단할 필요가 있는데, 그걸 알기 위해선 고양이의 행동을 유심히 관찰하면 된다. 고양이들이 배설 후에 모래를 사정없이 파헤치는 이유는, 배설 후 발과 발톱에 끼어있는 이물질을 털어내기 위

함이다. 그런데 굵은 모래 알갱이로는 청소가 잘 안 된다. 그러니 더욱 안간힘을 써가며 청소하려 들 것이다. 그들이 만일 필사적으로 모래를 파헤치는 행동을 한다면 즉시 화장실 모래를 바꿔줘야 한다.

그리고 시중에 판매하는 화장실은 크기가 너무 작다. 최소한 고양이 몸집의 세 배는 되는 걸로 구비해주는 게 좋다. 이런 조건들이 맞지 않을 때, 그들은 '어쩔 수 없이' 침대 위나 반려자의 옷에 변을 봐버린다.

"처음엔 문제가 없었거든요."
"아, 아마 고양이가 참다 참다 폭발해버렸을 거예요."
반항이 아니라 너무 괴로워 사정하는 것이니, 그들의 말에 귀를 기울여보자.

🐾 화장실의 위치는 은밀한 곳에

고양이들은 개들과 달라서 변을 볼 때는 더욱 주위를 경계한다. 개처럼 짖어서 대상을 쫓아버릴 수 없기 때문에 더욱 신경이 예민해지는 것이다. 그러므로 화장실의 위치가 그들에겐 매우 중요하다.

변을 볼 때 그들의 신경을 자극하는 움직이는 사물들이 없어야만, 편안한 감정으로 배뇨활동을 할 수 있다. 그래서 창문 맞은편에 고양이 화장실을 놔두면 안 된다. 창문을 통해 뭔가가 침입할지도 모른다는 불안감에, 계속 밖을 힐끔힐끔 보면서 변을 봐야 할 것이기 때문이다. 고양이 화장실의 정문은 벽면 쪽으로 해두자. 그리고 고양이가 들락거릴 수 있도록, 조그만 틈을 내주면 된다.

그리고 고양이의 변은 자주 치워줘야 한다. 변이 쌓이면 냄새가 피어오르는데, 이 때문에 그들은 또 불안해져 결국 그곳에서 변을 안 보려 할 것이다. 또 치울 때는 고양이가 안 볼 때 치워야 한다. 보는 데서 치우면 '윽, 나의 비밀이 노출되고 말았어' 하고 다른 곳에서 변을 보려 할 것이다.

참 까다롭기 그지없지만, 이런 게 바로 '냥이'들의 매력 아닐까? 조금만 신경써주면, 그 어떤 동물보다 깔끔한 게 바로 고양이이며, 도도하고 까칠한 만큼 한 번씩 부리는 애교로 사람의 마음을 무장해제시키는 것도 바로 고양이이다.

🐾 개의 성향에 따라 화장실 위치를 달리하라

개가 변을 못 가리는 건 어찌 보면 당연한 일이다. 세 살짜리 아이가 엄마 도움 없이 척척 화장실에서 볼 일을 본다면, 그 또한 이상한 일인 것처럼, 개 역시 그렇다. 개는 고양이처럼 변을 가리는 본능을 타고나지 못했으니 말이다.

그러니 그들이 변을 잘 가릴 수 있도록, 반려자가 차분히 가르쳐줄 필요가 있다. 아무데나 변을 본다고 윽박지르거나 소리치면, 개도 주눅이 들어 오히려 말귀를 더 못 알아듣는다. 때론 화가 나서 더 엄마를 골탕먹이려들지도 모른다. 가끔은 우리가 사람의 언어를 배우지 못한 원시인과 함께 사랑하며 살고 있다고 생각할 필요가 있다. 우리가 어떤 행동을 했을 때, 원시인이 손에 무기를 들고 나를 위협하면서 이상한 소리를 내면 분명 공포감이 들 것이다. 결국 원한과 서러움을 쌓아두었다가 나중에 힘이 생기면 복수하고 싶어진다.

"너, 그때 왜 이유 없이 나를 팬 거야?"

개의 입장도 이와 똑같다. 잘 모르기 때문에 못 가리는 것뿐, 일부러 반려자를 화나게 하려고 그러는 게 아니므로, 하나씩 가르쳐주면 된다. 물론 낯선 곳으로 이사를 하는 등, 무언가 스트레스를 심하게 받으면 다시 아무데서나 변을 보기도 한다. 그럴 때는 따로 특별 학습이 필요하겠지만, 기본적으로는 처음에 잘 학습시키면 계속 변을 잘 가린다.

그런데 여기서 주의할 건, 기르는 개들의 성격에 따라 화장실의 위치를 달리해야 한다는 것이다.

1. 낯선 사람만 보면 짖는 개

이들은 대체로 성향이 공격적이고 방어적인 경우가 많다. 그러므로 창문을 볼 수 있는 위치에 배변판을 깔아주자. 그러면 창밖을 보면서 충분히 주위를 경계함과 동시에 편안하게 변을 볼 것이다. "엄마, 난 볼일을 보면서도 엄마를 지킨다구!" 한편으론 이렇게 으쓱해하면서 말이다.

2. 유난히 겁이 많은 개

이들에게 배설은 너무도 사적인, 은밀한 행위이다. 그래서 남들이 안 보는 곳에서 변을 보고 싶어 한다. 배설물의 냄새가 상대방에게 노출되면, 즉시 공격을 받을 수 있다는 두려움도 갖고 있으므로, 이들의 화장실은 창문이 보이지 않은 구석진 장소가 좋다.

만일 평소 집안에 외풍이 심해 현관문 쪽에서 바람이 솔솔 들어오는 경우라면, 개들은 문쪽을 보고 자주 짖곤 한다. 그럴 경우, 1번 개는 현관 가까이, 2번 개는 현관문과 격리된 다른 공간에서 변을 볼 수 있게 배변판을 깔아두어야 한다. 이유는 1번 개는 기질이 강하므로 자신의 배변 냄새를 현관에서 들어오는 바람을 이용해 집안 곳곳에 남기고 싶어 하기 때문이며, 2번 개는 겁이 많으므로 자신의 배변 냄새가 노출되어 공격 당하고 싶어 하지 않기 때문이다.

이런 간단한 원리들은 모두 이들과 교감을 통해 배운 것이다.

"어휴, 제발 볼일만큼은 편하게 볼 수 있도록 해줄 수 없나요?"

이들은 나한테도 화를 낼 정도였다. 나였더라도 화가 났을 것 같다. 기본적인 배설 욕구가 충족이 안 되거늘, 어찌 꼬리를 흔들며 반려자의 말을 잘 들을 수 있겠는가.

동물이 변을 먹는 괴기반응은 왜?

반려동물을 키우면서 가장 기함하는 일 중 하나는 바로 식분증일 것이다. 사람 입장에선 믿을 수 없는 이 괴기스런 행동을 도대체 그들은 왜 하는 걸까?

이 또한 이들의 습성을 잘 알면 그리 놀랄 일도 아니다. 야생에서 동물들은 자신의 위치를 적들에게 노출시키지 않기 위해, 배변을 한 뒤 땅 속에 깊이 묻어버린다. 그런데 집안에서는 그럴 수 없으니 불안한 마음에 먹어서 없애버리려는 것이다. 본능적인 행동인 셈이다.

어릴 때 처마 밑에 집을 지은 제비들을 지켜보면 재미있는 일들이 많았다. 그중 하나가 바로 새끼가 변을 보면 어미가 그것을 냉큼 먹어버리는 일이었다.

"할머니, 제비가 똥 먹어."

"새끼들 애끼는 맘에 그런 거여, 기특한 것들."

그러니까 냄새를 맡고 새끼를 해치는 천적들이 올까봐 먹어버리는 것이다. 물론 애써 지은 집이 배설물로 인해 썩을까봐 그런 것이기도 하지만 말이다.

두 번째 본능은 모성애에 대한 그리움이다. 엄마의 엉덩이 냄새가 그리워, 킁킁 대며 핥아 먹는 것이다. 세 번째 본능은 자가 검진이다. 시골 마당에서 키우던 개 역시 새끼의 오줌을 핥아먹거나, 엉덩이를 핥았다. 바로 새끼의 몸에 부족한 영양분이 없는지를 체크하는 행위였다.

🐾 반려자에게 혼날까봐 혹은 고마워서

진짜 동물에게 문제가 있어서 변을 먹는 경우도 있다. 몸에 꼭 필요한 영양분이 부족할 경우, 그것을 채우기 위해 변을 먹는 것이다. 췌장에서 분비되는 소화효소인 트립신이 부족한 경우, 비타민 부족 등의 이유로 자기 변을 먹는다. 그러니 만일 동물이 식분증을 보인다면, 병원에 데려가 건강 이상 유무를 확인해야 한다.

그런데 나는 교감을 통해 아주 중요한 식분증의 원인을 알아냈다.

"메롱아, 왜 변을 먹어?"

"저는 배변을 하고 나면 굉장히 불안해져요. 식구들에게 혼날 것 같아서요. 제가 치울 수 있다면 좋겠지만 그럴 수 없으니, 아예 없애버리려고 제가 먹었어요."

메롱이처럼 반려자가 변을 치우는 걸 의식해서 변을 먹는다는 동물들이 있다.

'아, 내 똥에 문제가 있으니까 우리 엄마가 자꾸 치우는구나.'

이렇게 생각하고, 반려자의 수고를 덜어주기 위해 스스로 청소를 한다. 반면에 변을 본 후 반려자가 치울 때마다 냄새난다고 찡그리는 경우, 혹시라도 혼이 날까봐 눈치를 보면서 먹어버리기도 한다. 메롱이처럼 말이다.

🐾 위험하기 전에 고쳐야 한다

이유가 무엇이든, 식분증이 생기면 동물들은 피부질환에 걸릴 뿐 아니라, 췌장, 콩팥, 심장, 간 등에 문제가 생길 수 있다. Y-Star 채널의 〈펫스토리〉 촬영 중에 만난 한 유기견은 식용농장에 오랫동안 갇혀 있었는데, 그곳에서 아무도 음식을 주지 않아 자기 변과 기타 이물질들을 먹고 살다가 동물보호협회에 의해 입양되었다. 촬영팀과 함께 유기견을 만났을 땐, 이미 독으로 몸이 다 망가져 생명이 위태로울 지경이었다. 새롭게 만난 반려자 덕분에 지금은 건강히 잘 지내고 있지만, 하마터면 가엾게도 식분증으로 세상을 뜰 뻔 했다.

특히 여름철에 변을 먹으면 식중독에 걸릴 확률이 높다. 또 변이 이빨 사이에 끼면 이빨도 상할 수 있으니, 혹시라도 반려동물이 이런 괴기반응을 보이면 빨리 학습을 통해 고쳐주어야 한다.

변을 먹으려 할 때마다, 신문지나 부채 등을 펴서 신호를 주자. 이때 타이밍이 매우 중요한데, 먹으려는 순간 바로 소리 나게 쫙 펼쳐야 한다. 그래야 깜짝 놀라면서 먹지 않는다. 그 후부터는 아예 신문지 위에 변을 올려두자. 그러면 이미 놀란 기억 때문에, 먹을 생각 자체를 안 하게 된다.

몸도 마음도 아픈 유기동물을 키울 때는

비가 주룩주룩 내리는 날, 집에 가는 길에 축축하게 젖은 개 한 마리가 나를 계속 따라온다면?

동물을 사랑하는 이들이라면 이런 경우, 차마 그 유기견을 외면하지 못할 것이다. 불쌍하고 안쓰럽기도 한데다 계속해서 나를 따라오는 걸로 보아 왠지 인연일지 모른다는 묘한 기분마저 들기 마련이다.

그런데 막상 집에 데려오니 하는 행동들에 문제가 너무 많다. 밤낮을 가리지 않고 심하게 짖어댈 뿐 아니라, 집안 곳곳 아무데서나 배변을 하고, 반려자가 다가와도 구석에만 숨어 있을 뿐이다. 안 되겠다 싶어 산책을 나갔더니, 콧물을 주르륵 흘리고 몸을 바들바들 떨더니 어느 순간부터 끙끙 앓기 시작한다. 그래서 동물병원에 데려가면

수의사의 말 역시 절망적이다.

"나이도 너무 많고, 피부랑 이빨 모두 너무 상해 있어서 주사 접종도 힘들겠네요."

상황이 이쯤 되면 유기견을 데려온 걸 후회하게 된다. 더 이상 키울 엄두도 안 나고, 다시 입양시키려 해도 병든 개를 받아주겠다는 사람도 없을 테니 말이다. 이것이 바로 유기동물을 입양한 대부분의 반려자가 겪게 되는 고충이다.

🐾 마음의 치유를 통한 심리안정부터

유기동물을 입양하는 일은 마치 고아원에서 자라다 이집 저집으로 맡겨졌던 아이를 데려오는 거나 마찬가지이다. 그 아이의 정서상태가 어떨까? 더 이상 그 어떤 양부모도 믿을 수 없을 뿐 아니라 매사 공격적이고 방어적일 것이다.

손만 가져다 대도 맞을까봐 고개를 피하며 움찔하는 건 아마도 이전 주인에게 손찌검을 당했기 때문일 것이다. 게다가 눈칫밥만 먹느라 영양 상태도 안 좋다. 이런 동물의 마음속엔 슬픔과 분노와 불신만이 가득하다.

〈펫스토리〉 촬영을 위해 만났던 소형견 역시 그랬다. 큰마음 먹고 유기견을 입양했는데, 낯선 사람은 물론 가족들 앞에서도 으르렁거리며 물려 한다며, 반려자는 그만 패닉상태가 되어 있었다. 아닌 게 아니라, 촬영팀조차도 그 개가 입을 벌리고 달려드는 모습에 오금이 저려 벌벌 떨어야 했다.

"오늘의 주인공 덕분에 화장실도 못가네. 하하."

프로그램 담당 PD가 웃으며 한 말처럼, 우리가 움직이려고만 하면 이빨을 드러내며 달려드는 통에, 촬영팀은 화장실도 못가는 신세가 되고 말았다. 이 개 역시 오랫동안 학대를 받아와서 그렇게 공격적으로 변한 것이다. 얼마나 마구잡이로 맞았으면 그리 되었을까? 미안하고 안타까운 마음에, 화장실이 급했던 그 누구도 그 개를 향해 짜증을 낼 수가 없었다. 이런 정서를 가진 동물과 과연 행복한 동거가 가능할까?

무엇보다도 동물의 아픔을 가슴으로 안아줄 준비부터 해야 할 것이다. 그동안 당한 서러움과 슬픔이 봄 날 눈 녹듯 서서히 사라질 수 있을 만큼의 따뜻하고 품 넓은 사랑이 필요하다. 사람 곁엔 잘 안 오려 하고 소파 밑에만 웅크리고 있거나, 또 버림받을지도 모른다는 불안감 때문에 배변도 잘 못 가리고, 늘 짖어대는 통에 옆집에서 항의도 할 것이다. 이 모든 것들을 바로 잡으려면 꽤 긴 시간이 걸린다. 그럼에도 더 이상 버림받지 않을 것이라는 확신과 믿음을 주고, 새로운 반려자와 함께 살아가기 위한 학습을 시켜주어야 한다.

먼저 동물에게 은신처를 만들어주자. '이곳은 아무도 널 해치지 않아. 너만의 공간이란다'라는 의미로 쉴 곳을 선물하는 것이다. 그리고 훈련이 아닌 학습을 통한 행동 교정과 함께 안정된 심리상태를 만들어줄 필요가 있다. 유기동물일수록 그간 받아온 상처가 많기 때문에 행동 교정이 쉽진 않다. 그들과는 교감을 할 수는 있었어도, 한두 번 만에 치유하긴 어려웠다. 결국 반려자의 끈기 있는 사랑만이 그들을 치유해줄 수 있다.

간혹 목줄 등을 사용한 훈련으로 효과를 보았다는 반려자들이 있는데, 잠시 잠깐의 효과일 뿐이다. 워낙 예전에 맞았던 기억이 강렬해 다시 맞는 게 두려워, 순간적으로 복종했을 가능성이 크고, 오히려 다른 이상 행동으로 그때 받은 스트레스를 풀려고 할 것이다. 훈련을 통해 배변은 잘 가리게 되겠지만, 반려자가 외출하고 돌아와 보면, 집안이 온통 난장판이 되어 있는 등 2차적인 문제가 생긴다.

그러니 부디 목줄을 채워 훈련시키거나 말을 안 듣는다고 기합을 주는 일 등은 삼가자. 유기동물일수록 대게 나이가 많아, 고된 훈련을 받으면 생명이 위태로워질 수도 있다.

🐾 나빠진 건강 가정식으로 회복시키기

그리고 건강을 위해 먹을 것에 충분히 신경 써줘야 한다. 나이가 많은 유기동물은 치주염이 있을 확률이 높다. 이때는 사료를 충분히 물에 불려주거나, 부드러운 가정식을 만들어주자.

물을 잘 먹는지도 확인해보고, 그렇지 않는다면 신장이나 방광 등이 안 좋을 수 있으니, 병원에 데려가야 한다. 노견일수록 물을 많이 섭취해야 하는데, 물만으로는 부족하다. 흡수를 잘 못하므로, 과일을 통해 수분섭취를 시켜줄 필요가 있다.

가여운 마음에 달디 단 간식을 자주 먹이는 경우가 있는데, 도리어 역효과이다. 반려자는 항상 평정심을 유지할 필요가 있다. 잘 먹었다고 지나치게 기뻐하고 예뻐하는 모습도 삼가야 하고, 유기동물 앞에서 말을 너무 많이 해도 안 된다. 항상 일관된 모습과 차분한 목소리 톤으로 그들을 대해야 그들의 정서도 차분해진다.

그들은 눈도 나쁠 수 있으니 비타민도 충분히 섭취해야 한다. 건강을 위해 양질의 음식을 적당히 주는 게 좋다. 아래의 식단을 참고하여 소량으로 조금씩 먹여보자. 주식에 '7:3 → 6:4 → 5:5' 순으로 배합한다.

호박, 당근, 시금치, 푸른 잎채소, 동물의 간(소량), 달걀 노른자(익힌 것), 콩, 미역국, 고구마, 딸기, 바나나, 꿀(소량), 치즈

처음 접하는 음식일수록 여러 가지 방법을 시도해보자. 동물들은 음식의 재질과 온도, 촉감, 질량 등에 특히 민감하니, 한 가지 형태로 해서 안 먹는다면 다른 형태로 바꿔줄 필요가 있다. 그리고 특정 음식에 거부반응이 있을 수 있으니 피부 상태(귀, 눈, 코 주위, 배)와 변 상태를 유심히 관찰하면서 음식과 동물의 궁합을 살펴야 한다.

고양이일 경우, 대게 신장(콩팥) 관련 질환이 가장 많다. 고양이는 개처럼 물 먹는 걸 좋아하지 않지만, 그들 역시 물을 충분히 섭취해주어야 한다. 건사료를 먹이는 것으론 수분 보충이 절대 되지 않으므로 양질의 캔푸드를 통해 단백질과 수분을 충분히 섭취할 수 있도록 하고, 소금기가 많은 음식은 먹여선 안 된다.

특히 개의 경우 건강을 위해 되도록 날마다 산책을 시켜주고, 피부가 약할 테니 목욕은 한 달에 한두 번 정도만 시키되 알칼리성 샴푸를 사용하자. (개의 피부는 중성에 가깝지만, 엄밀히 말하면 알칼리성이다.)

이처럼 유기동물을 키우는 일은 그야말로 꾸준한 노력과 사랑이 필요하다. 너무 힘들어 간혹 후회스럽다고 실토하는 반려자들을 많이 만났다. 사실 쉬운 일이 아닌 건 맞다. 그러나 지난 2009년, 동물보호협회가 주최한 '유기견 뽐내기 대회'에 심사를 보러 갔다가, 나는 희망을 만났다. 유기견은 대부분 아프고 공격적일 거라는 편견이 떠오르지 않을 만큼, 사랑스러운 개들과 그들의 새로운 반려자들을 보았기 때문이다. 장기자랑에서 유려한 몸을 뽐내던 그들에게서 지난날의 생채기 같은 건 전혀 느낄 수 없었다. 분명 상처를 어루만져

주고 학습시킨 가족들의 사랑이 그들을 바꿔놓은 것이 틀림없다.

　유기동물들을 만났다면, 그래서 함께 살기로 결심했다면, 그들이 우리를 만난 이유는 상처받았던 지난날을 보상받기 위함이라고 생각해보는 건 어떨까? 그들이 조금씩 마음의 문을 열 때, 반려자의 행복감은 더할 나위 없이 클 것이다.

유기동물을 구조할 땐 이렇게!

유기동물을 구조할 때는 유기동물(조류, 돌고래 제외)의 공격적이고 불안해하는 심리 상태를 잘 이해하고 파악할 필요가 있다. 무턱대고 덤벼들지 말고 다음의 사항들을 갖춰 접근한다면 훨씬 구조가 수월할 것이다.

1. 화장은 하지 말고, 손톱은 짧게 깎는다
향이 강한 샴푸, 향수, 그리고 화장품 등의 화학제품 냄새는 동물이 꺼려하므로 다가오지 않는다. 그리고 손장갑을 끼면 좋긴 하지만, 학대를 당해 숨어버린 동물들은 이것만 봐도 극도로 흥분한다. 장갑을 벗되 손톱을 최대한 깎아 위협의 요소를 없애야 한다.

2. 최대한 몸을 낮춘다
손을 바닥에 붙이고 행동하고, 아주 천천히 동물에게 다가가야 한다. 그리고 절대 말을 많이 하면 안 된다. 구조자가 목소리를 높이거나 흥분하면 몸에서 화학반응이 일어나는데, 동물들이 귀신같이 이 냄새를 맡고 피해버린다. 그러니 아주 차분한 목소리로, 천천히 일정한 톤으로 같은 말만 짧게 반복한다. 여러 사람이 가더라도 유인은 한 사람이 하도록 하자.

"널 해치지 않아. 널 도와줄 거야."
이 정도는 그들도 알아듣는다. 만일 그래도 동물이 경계하거나 놀라면, 일단 뒤로 30cm 정도 물러선다. 이 행위를 계속 반복하다가, 어느 순간 자리에 멈추고 꼼짝하지 말자. 그러면 동물이 스스로 안전하다고 판단하고 서서히 다가올 것이다.

3. 간식을 준비한다

유기동물이나 야생동물을 유인하기 위해서는 사료보다, 생 육고기가 가장 좋다. 고기를 즉석에서 구우면 금상첨화다. 냄새를 맡고 다가올 것이다. 사람과 함께 살아온 동물이라면, '밥, 간식' 같은 간단한 말들을 알아들으니 활용하자. 단, 철조망을 사용해선 곤란하다. 갇혀 지냈던 기억이 되살아나 피해버릴 것이다.

4. 명암대비가 뚜렷한 옷은 입지 않는다

주황색에 노란색, 검은색에 흰색 코디는 동물들이 특히 싫어한다. 구조 장소가 어떤 곳인지 미리 확인한 후, 그에 맞는 색깔의 옷을 입는 것도 중요하다. 예를 들어 흙바닥의 동물을 구조할 때, 노란색 계열을 입으면 이 역시 동물을 협박하는 행위와 똑같다. 도로변 동물을 구조하는데 주황색 옷을 입거나, 숲속 동물을 구조하는데 빨간색 옷을 입는 것도 마찬가지다. 반사광이 있는 액세서리도 모두 빼야 한다. 벨트, 머리핀, 귀걸이는 물론 휴대폰도 소지하지 않는 게 좋다.

5. 구조는 맑은 날, 어두워지기 전에 한다

동물마다 차이는 있겠지만 대게 동물은 비오는 날은 활동하지 않고, 눈에 띄지 않는 곳에 숨어있다. 또 낮보다 밤에 긴장하고 경계태세를 갖춘다. 그러니 맑은 날, 어두워지기 전에 구조하는 게 훨씬 수월하다.

6. 가족이 함께 있는 동물이라면 함께 구조한다
상황을 제대로 파악하지 못하고 어미만 구조한다면, 나머지 새끼들은 굶어죽을 것이다. 구조된 어미 역시 우울증에 걸려 단식을 감행할지도 모른다. 그러니 반드시 함께 구조해야 한다.

7. 동물의 배설물을 준비한다
동물의 배설물을 아주 조금만 준비해 배설물과 음식을 함께 둔 구조망을 설치하자. 그리고 구조자의 냄새는 잘 맡지 못하도록, 바람이 불어오는 반대편에 선다. 또 대부분의 동물은 지대가 낮은 곳에서 높은 곳으로 달아난다. 뒷다리가 앞다리보다 길고 힘도 좋기 때문이다. 이 때문에 구조자가 동물보다 낮은 지대에 있으면, 동물은 자기 상황이 더 우세하다고 판단하고 심리적으로 안정감이 든다. 그런 뒤 음식물이나 배설물로 유인하면 더 잘 다가온다.

8. 동물을 정면으로 쳐다보지 말 것
동물은 사람의 눈동자를 잘 관찰한다. 멀리서도 구조자의 눈동자를 명확히 구분해낼 정도인 만큼, 시선의 각도를 45도로 하거나 딴청 피우기 등 연출을 하는 게 좋다.

동물은 사람보다 먼저 죽는다

 안타깝게도 나에게 상담을 의뢰하는 고객들 중엔, 반려동물이 세상을 떠난 후 심각한 우울증을 호소하는 이들이 많다. 특히 가족 중에 그런 이가 있어 어찌할 줄 몰라 한다.

"자식 같던 고양이가 세상을 떠났는데, 아내가 식음을 전폐하고 있어요. 어떻게 해야 하나요?"

이런 경우, 사실 참 난감하다. 가족 중에 누군가가 세상을 떠나면, 삶의 의욕을 잃고 우울해지는 건 누구나 다 마찬가지이니까. 하지만 산 사람은 살아야 한다는 말처럼, 반려동물이 먼저 세상을 떠도 똑같을 것이다. 자식을 먼저 보내는 부모 심정이야 오죽하겠느냐마는, 이는 동물을 키우는 이들이라면 처음부터 미리 각오해야 할 일이다. 그들의 수명이 사람처럼 길지 않으니 말이다. 동물마다 차이는 있지만 대부분 10년 안팎이면 세상을 떠난다.

😺 장례의식이 중요한 건 아니다

동물의 사후 세계를 정확히 알 수는 없다. 그런데 이미 자기가 세상을 떠날 걸 알고 있는 동물들과 교감을 하면서 이야기를 들은 적은 있다. 토끼 피오는 이렇게 말했다.

"전 곧 세상을 떠나게 될 거예요. 이미 몸이 말을 안 듣거든요. 부디 엄마에게 슬퍼하지 말라고 전해주세요. 전 고통도 아픔도 없는 편안한 곳으로 갈 거니까요."

"피오야, 장례는 어떻게 해주었으면 좋겠니?"

"비싼 장례는 필요 없어요. 절대로요. 이미 그런 건 아무 의미가 없으니까요."

실제 피오뿐 아니라 다른 동물들도 그렇게 말했다. 비싼 비용을 들여 치르는 장례의식 같은 건 필요 없으니, 그저 양지바른 곳에 잘 묻어만 달라고 말이다. 그러니 그들의 영혼을 달래기 위해 지나치게 많은 장례비용을 들일 필요는 없을 것 같다. 수간호사 출신인 애니멀커뮤니케이터 리디아 히비 역시, 동물들은 세상을 뜬 후 자신의 육체를 마치 우주복처럼 거추장스러워 한다고 했으며, 죽은 후엔 마치 어린 시절로 돌아가 아무 걱정 없이 산과 들을 뛰노는 것과 같이 생각한다고 말했다. 피오를 비롯한 다른 동물들 역시 내게 그런 뜻을 전했다.

세상과 작별하는 그들이 원하는 건, 남은 가족들이 빠른 시간 내에 슬픔을 털어버리고 건강하게 사는 거였으니까.

🐾 성숙한 이별 후에 새로운 사랑을

물론 반려동물이 떠난 다음, 반려자들은 당연히 깊은 슬픔에 빠질 것이다. 그럴 때는 충분히 애도하자. 며칠간은 눈물을 펑펑 쏟아도 좋다. 부모는 땅에 묻고 자식은 가슴에 묻는다 했으니, 자식 같은 반려동물이 떠난다는 건 억장이 무너지는 아픔이다. 그러니 슬픈 걸 억지로 참지 말고 소리 내어 울어버리자.

그렇지만 애도 기간 동안 혼자 있는 건 되도록 피하라고 말하고 싶다. 가족끼리 늘 함께 하면서 서로 위로해주어야 쉽게 극복할 수 있을 것이다. 그리고 함께 여행을 떠나는 것도 좋다. 여행에서 돌아온 뒤에도 가슴이 텅 빈 것처럼 허전하다면 유기동물을 위한 봉사단체에서 활동을 해보는 것도 도움이 된다. 한 고객 역시 자식처럼 아끼던 강아지를 떠나보내고 슬퍼하던 중, 유기동물을 위한 봉사활동을 하면서 새로운 딸로 고양이를 만났다.

"원래 고양이 키울 생각은 꿈에도 안 했어요. 고양이는 별로 안 좋아했거든요. 그런데 참 이상하죠. 그 고양이가 자꾸 눈에 밟히는 게, 안 데려오면 안 될 것 같더라구요."

결국 다음날 고객은 고양이를 데려왔고, 그리고 지금은 딸 키우는 재미에 흠뻑 빠져 슬픔을 느낄 겨를도 없다고 말한다. 물론 먼저 간아들의 묘를 정기적으로 찾아, 꽃과 과일을 챙겨두는 일도 잊지 않으면서 말이다.

동물과 늘 함께 하길 바라는 반려자라면, 사는 동안 몇 번의 이별을 거쳐야 할 것이다. 하지만 결코 이별을 두려워하지 말자. 이렇게 이별의 슬픔을 성숙하게 받아들이는 과정을 통해 또 다른 사랑을 만나는 것 역시 큰 축복일 테니까.

Tip
동물들은 과연 안락사를 원할까?

뭐라 단정 지어 말하기 어려운 문제다. 사람과 똑같이 고통의 시간 없이 빨리 세상을 뜨길 원하는 동물도 있고, 끝까지 생명에 대한 애착을 놓지 않는 동물도 있다. 그런데 반려자가 섣불리 '아마 우리 동물도 안락사를 원할 거야. 안락사 시켜야겠다'라고 마음속으로 결정하는 건 위험하다. 살고자 하는 의욕이 강했던 동물조차도, 반려자의 마음을 읽고 생에 대한 애착의 끈을 놓아버리기 때문이다. 동물이 죽음이 앞두고 있다면, 교감을 통해 조심스럽게 그들의 마음을 묻는 게 옳은 방법일 것이다.

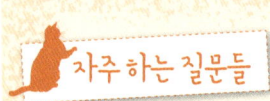
자주 하는 질문들

1. 술을 먹인 것도 아닌데, 비틀비틀?

"강아지가 갑자기 해롱대고 제대로 걷지도 못해요. 물건에 머리를 부딪치기도 하구요. 혹시 치매일까요, 아니면 시력에 이상이라도 온 걸까요?"

이런 상담 전화를 받은 적이 있다. 대게 동물은 향수나 헤어스프레이, 화장품 등 화학제품의 냄새에 과민반응을 보이는 경우가 많다. 그런데 이 경우엔 보일러실의 가스가 문제였다. 환기를 시킬 목적으로 보일러실의 문을 열어두었는데, 그 가스냄새에 강아지가 환각 증세를 보이면서 마치 술에 취한 것처럼 비틀거린 것이다.

이럴 땐 가스 사용을 줄여야 한다. 그리고 동물이 서서히 면역력을 가질 수 있도록 시간을 두고 조금씩 사용량을 늘려야 한다. 보름 정도가 지나면 대부분 면역력이 생긴다.

2. 중성수술을 시켰는데 이럴 수가!

"중성수술을 시켰는데, 우리 강아지가 다른 강아지랑 사랑을 해요."

이게 어찌된 일이냐며 아연실색하는 이들이 있는데, 종종 일어나는 일이다. 아무리 중성수술을 해도, 종족보호 및 번식본능이 100% 사라진다고 보기 힘든 경우도 있다. (특히 수컷의 경우가 더 강하다.) 뇌의 해마에 이미 그 본능이 잠재되어 있어서, 수컷과 암컷이 만나면 교배의 욕구가 생기는 것은 자연스러운 현상이다.

특히 개나 고양이의 경우, 5~8살에 발정기가 오기도 한다. 사람으로 치면 완경기라(폐경보다는 모든 시련과 고통을 거친 후인 완경기라고 표현하고 싶다) 생각하고 있었는데, 이상한 기미를 보인다며 놀라는 반려자들이 많다. 하지만 자연스런 현상이니 받아들이는 게 좋겠다.

그리고 중성화 수술 후에 주의할 것이 있다. 출산 경험이 없는 7세 이상의 암컷 견이 자궁 축농증에 걸릴 확률은 50%정도라는 조사결과가 있다. 특히 발정기가 끝나고 2주 후에는 자궁 축농증 및 기타 생식기 질환에 걸릴 확률도 높다. 그러니 발정기가 끝난 2주 후부터 40~70일 정도까지는 외출 시 특별히 청결에 신경 쓰자. 잔디에 앉거나 오염물질 및 오염된 물에 엉덩이가 닿거나 혹은 공공 견수영장에 들어가는 행동 등은 금해야 한다.

3. 냥이가 밤낮으로 울어요

고양이들이 우는 건 개처럼 경계의 의미가 아니라. 그들끼리 서로 신호를 전달받는 과정이다. 분명 집 근처에 다른 고양이가 와 있을 것이다. 이럴 땐 자주 집 주위를 산책시켜주자. 비록 신호를 주고받은 고양이를 만나지는 못해도, 산책을 하는 것만으로도 대리만족을 느낀다.

그런데 산책을 할 때 고양이는 개와 달리 초반에 예민하게 탐색전을 펼치기 때문에 잘 걸으려 하지 않을 것이다. 그러다가 어느 순간부터 질주하는 경향이 있으니, 반드시 리드줄이 필요하다. 고양이의 몸에 리드줄을 단단히 맨 뒤, 되도록 색다른 장소를, 30분~1시간 정도 산책시켜주자. 산책하면서 즐거워하지 않는다고 바로 귀가하지 말고, 충분히 탐색할 시간을 주는 게 중요하다.

리드줄에 대한 경계심을 없애려면 어떻게 해야 할까? 평소 집에서 간식을 주거나 신나는 놀이를 할 때, 리드줄을 옆에 두고 고양이에게 보여주자. 그리고 리드줄을 몸에 맨 뒤, 집안의 문을 모두 열어두고, 집안에서 산책 연습을 한다. 현관 앞을 기준으로 5m씩 시작하자. 처음 10일 동안은 집을 반경으로 동쪽으로 5m, 다음 10일 동안은 서쪽, 다음은 남쪽, 그리고 다음은 북쪽, 이런 식으로 산책시키면 된다.

4. 냥이가 집안의 물건들을 모조리 긁어놓고 물어뜯네요

고양이에게 날카로운 이빨과 발톱은 생명과도 같다. 그것들을 자꾸만 자르니, 고양이 입장에서는 당연히 다시 뾰족하게 다듬을 수밖에. 값비싼 가구들이 모조리 망가지는 걸 막는 방법은 바로 스크래처를 사주는 것이다.

하지만 인터넷 쇼핑 사이트에서 임의대로 클릭해 구입하는 건 곤란하다. 고양이의 캐릭터에 따라 스크래처의 크기와 무게, 냄새는 모두 달라져야 하기 때문이다. 가장 좋은 방법은 최소 길이 1m에 너비는 30cm 정도 되는 통나무를 구해 와서 비스듬히 세워두는 것이다. 목재상가에 가면 쉽게 구할 수 있을 뿐더러, 시중에서 판매하는 스크래처보다 값도 싸다.

그리고 화장실 문을 살짝 열어둔 후, 그 안에 넣어두자. 그러면 고양이는 신나게 통나무를 긁은 후 회심의 미소를 띤 채 나올 것이다.

물론 간혹 이를 싫어하는 고양이도 있다. 그러니 고양이에게 필수인 스크래처는 고양이가 어떤 반응을 보이는지, 여러 번 세심히 관찰할 필요가 있다. 한 번 안 쓴다고 해서, '우리 고양이는 스크래처를 싫어하나보네?' 하고 치우기보다 계속 지켜보고 다른 것으로 바꾸어보는 게 좋다.

그리고 고양이가 스크래처를 사용할 때는 쳐다보지 않는 게 좋다. 자신의 무기인 발톱을 연마하는데, 누군가가 그 모습을 지켜본다면 위협을 느끼기 때문이다. '흠, 다른 놈들도 알 수 있겠군. 안 보이는 곳에 가서 긁어야겠네.' 결국 은밀하게 구석에 숨어서 발톱을 연마하다가, 내친김에 그곳에 배설까지 해버리니 꼭 주의하자.

5. 우리 착한 개가 갑자기 화를 내고 이상해졌어요

갑자기 그런 경우는 그리 많지 않다. 참다가 폭발한 것이다. 순하던 개가 공격적으로 변할 때는 분명히 이유가 있다. 그런데 아무리 찾아도 그 이유가 없다고 생각될 때엔, 집안이 아니라 집밖에서 무슨 일이 일어나고 있다는 뜻이다.

즉 "내가 짖을 때는 무작정 멈추게 하려고 하기 전에, 부디 창문이나 현관문을 열어봐주세요." 이런 의미이다. 그들은 지금 반려자를 위해 보초를 서고 있는 것이다. 개들에게 짖는 일이란 그들만의 중요한 업무이다. 하늘이 내린 평생의 천직인 것이다. 만일 반려견과 단 둘이 위험한 산중에서 살고 있다면, 그들이 컹컹 짖어주는 일이 얼마나 고마운 일이겠는가.

그러니 그럴 때는 이렇게 말해주자. "엄마도 밖에서 무슨 일이 일어나고 있는 줄 알고 있단다. 그러니 굳이 그렇게까지 짖지 않아도 돼. 그리고 우리 집은 아무나 함부로 들어오지 못하도록 엄마가 각별히 신경을 써두었어. 그러니 너도 이제 좀 쉬렴."

몸을 바닥에 엎드리고 개의 눈을 보고, 너무 낮지도 높지도 않은 목소리로 차분히 또박또박 말하는 게 포인트다. 그러면 분명히 개가 알아들을 것이다. 이때 머릿속으로 '밀폐된 집, 아무도 들어올 수 없는 우리들만의 공간'에 대한 이미지를 상상하면서 전달하면 훨씬 효과적이다.

#03
동물 교감,
누구나 할 수 있습니다

제발 내 이야기를 들어주세요

"전 늘 엄마에게 말을 걸어요. 그런데 엄마는 전혀 못 알아들어요. 그런데 아저씬 어떻게 제 말을 알아들어요?"

처음에 내가 동물에게 말을 걸면, 이들은 깜짝 놀라면서 내게 이렇게 하소연한다. 때로는 투덜대는 동물도 있는데, 이런 걸 보면 동물도 참 성격이 가지각색인 것 같다. 중요한 건 성격이 유순하거나 까칠하거나 상관없이 동물들은 항상 반려자와 대화를 하고 싶어 한다는 점이다.

"엄마, 물맛이 갑자기 왜 이래요?"

"엄마, 난 같이 사는 이 친구가 정말 싫어요."

늘 이렇게 이야기하는데도, 우리가 그들의 이야기를 듣지 못하고 있는 것이다. 심지어 의사소통의 장애로 인해 서로 힘들어지기도 한다.

🐾 왜 하라고 해놓고 나무라는 걸까?

"왜 방바닥과 이불을 자꾸 핥는 거야? 엄마가 싫어하잖아."

"요즘 엄마가 많이 힘들어해요. 그래서 제가 도와주려고 입으로 방도 닦고 이불도 빨아 주는 거예요. 제 입과 혀는 청소하는 기능도 있으니까요. 제가 열심히 핥으니까 엄마도 저한테 잘한다고 했어요. 그래서 저 역시 힘들지만 계속 하고 있는 거라구요. 그런데 전 솔직히 엄마가 좀 이해가 안 되네요. 엄마가 좋아해서 하는 건데, 청소하고 있으면 자꾸 나무라거든요. 왜 그럴까요? 엄마가 혹시 어디가 아프기라도 한 걸까요? 이것 때문에 고민하느라 전 요즘 입맛도 없다구요."

강아지 포푸는 반려자인 엄마와의 커뮤니케이션에 문제가 생긴 게 분명했다. 내가 이 얘기를 반려자에게 전했더니, 반려자 역시 "참 이상하네요. 저는 포푸에게 청소를 하라고 한 적이 없거든요. 하지 말라고 나무라기만 했어요"라며 답답해했다.

둘 사이에 왜 이런 오해가 생겼는지 하나씩 짚어보자.

1. 반려자는 개인적으로 힘든 문제가 있어 포푸 앞에서 종종 시무룩한 표정을 짓곤 했다.

2. 포푸는 엄마가 힘들어하는 게 마음에 걸려, 청소라도 도와주고

싶은 마음에 방바닥은 물론 이불까지 핥았다.

3. 이를 본 반려자는 "하지 마, 지저분해지잖아"라며 포푸를 나무랐다.

4. 포푸는 엄마가 나무라는 말을 할 때, 엄마의 머릿속 영상을 스캔해보았다. 그랬더니 엄마의 머릿속에 바닥과 이불을 핥는 포푸 자신의 모습이 보였다. (우리는 무슨 말을 할 때 자동적으로 그와 관련된 이미지를 떠올린다.)

결과적으로 포푸는 생각했다.

'엄마가 나더러 청소를 계속 하라고 하시네. 그래, 힘들지만 엄마의 고단함을 덜어주려면 청소를 계속 해야 해.'

하지만 이를 본 반려자는 더 화가 날 뿐이다.

"하지 말라는데, 왜 자꾸 미운 짓을 하니?"

가뜩이나 청소하느라 몸이 고단해진 포푸는 엄마의 야단에 그만 마음까지 힘들어지고 말았다.

'왜 엄만 머릿속하고 행동이 다른 거지? 아, 도대체 왜 그런 걸까? 속상해!'

😺 엄마랑 직접 대화할 순 없나요?

교감을 하다 보면, 반려자와 동물 사이에서 이런 오해가 숱하게 일어난다는 걸 알게 된다. 이런 오해가 일어나지 않도록 동물과 소통하는 것, 그것이 바로 동물 교감이고 내가 하는 일이다. 내가 오해를 하나하나 풀어주면 동물들은 무척 고마워한다. 그런데 마지막엔 꼭 시무룩한 표정으로 이렇게 말한다.

"그런데 왜 아저씨가 대신해줘요. 엄마랑 나랑 직접 이야기할 순 없는 거예요?"

동물들은 반려자와 직접 이야기하고 싶은 것이다. 혼이 나더라도 엄마에게 나고 싶고, 사과를 받더라도 엄마가 직접 해줬으면 좋겠고, 불편한 점도 엄마에게 직접 말하고 싶다. 가족이기에 그렇다. 물론 답답한 마음도 있을 것이다. 미리 알았더라면 소 잃고 외양간 고치는 일은 없을 테니까.

그런데 그보다 더 큰 이유는 엄마에 대한 미안한 마음 때문이다.

동물들은 알고 있다. 엄마가 혹은 아빠가 아침마다 밖에 나가는 것은 자신의 먹이와 은신처 등을 구입할 돈을 벌기 위함이라는 걸 말이다. 그리고 엄마가 나에게 교감을 의뢰할 때 역시 돈을 지불한다는 사실을 알고 있다. 그래서 한편으론 감동하지만, 또 한편으론 몹시 미안해하는 것이다.

    대화는 가족끼리 하는 게 최선임을 동물들도 알고 있다. 이것이 바로 반려자가 동물 교감에 대해 알고 있어야 하는 이유이다.

교감은 사랑이고
과학이다

영화 〈아바타〉를 보면 우주의 판도라라는 행성이 나온다. 판도라의 동물들은 각자 교감할 수 있는 촉수가 있으며, 식물들 역시 전자신호로 서로 응답하는데, 그 중에서도 영혼의 나무는 가장 전자신호가 강력하여 사람들의 전자기기를 마비시킬 만큼의 힘을 방출한다.

이 영화는 교감의 원리를 아주 잘 설명해주고 있다. 몸에 교감신호를 받을 수 있는 전자, 즉 전류가 흐르고 있다는 것. 이 점이 바로 교감을 가능케 한다. 사람과 동물이 심전도 검사나 뇌파 검사를 할 수 있는 이유는, 모두 전류가 흐르는 전도체이기 때문이다. 몸에 전류가 흐르지 않는다면 검사 자체를 할 수 없을 것이다.

😸 휴대폰 통화의 원리, 교감

건강한 사람의 몸에는 약 40~80mV 전압의 전류가 흐른다. 동물과의 교감은 마치 무선전화기로 통화를 하는 것과 같은 원리다. 무선전화기는 대기 중의 전파를 이용하여 서로 송수신할 수 있게 하는 기기이고, TV 역시 대용량의 전파를 모아 영상을 전달하는 전자제품이다. 바로 현대물리학인 양자역학의 원리이다. 우리 역시 신체의 전파를 모아 송신하면 동물이 그것을 수신할 수 있다. 우리가 살고 있는 지구는 N극과 S극을 가진 자기장이며, 우리 역시 생체 자기장을 가지고 있으므로, 자체적으로 신체에서 전파를 만들어낼 수 있기 때문이다.

동물 역시 마찬가지인데, 특히 몸집이 큰 동물일수록 전류가 세다. 외국의 애니멀커뮤니케이터들이 처음으로 교감을 시도하는 동물이 대부분 말인 이유도 바로 이 때문이다. 물론 동물과 사람 사이에서 직접 송수신이 이루어지는 건 아니다. 휴대폰 역시 특정인에게 전화를 걸었을 때, 지구의 전리층을 넘나들면서 온갖 기지국과 여러 방해 전파를 거쳐 전화를 받는 휴대폰과 연결되는 것처럼 말이다. 우리가 보낸 전류 역시 지구의 파동을 타고 동물에게 전달된다. 그러므로 때론 수신이 아주 느리게 올 수도 있다. 생체 에너지를 이용하기 때문이다.

결국 교감은 나와 지구와 그리고 동물이 함께 공명되는 순간 일어나는 대화라고 할 수 있다.

🐾 심장을 느끼면 절로 교감이 되는 이유

나는 교감을 할 때 무조건 심장에 집중한다. 우리 몸에서 가장 많은 전류가 모여 있는 곳이 바로 심장이기 때문이다. 서울대보완통합연구소의 강승완 교수는 한 TV 프로그램을 통해 "몸을 구성하는 여러 기관들은 각각의 고유한 리듬이 있고, 그 리듬이 겉으로 드러났을 때 전기적인 생체 신호로 표현된다. 그런데 그중 가장 강력한 신호가 바로 심장에서 나온다"라고 말했다.

뇌에도 물론 전류가 흐르지만 심장에는 그것의 100배가 흐른다. 그러므로 심장에 집중하면, 뇌의 파동 즉 뇌파는 알아서 조절이 된다.

서로 연결되어 있기 때문이다. 이런 이유로 최근 미국의 일부 고등학교에서는 심장 느끼기를 하는 시간을 갖는다고 한다. 공부하기 적절한 뇌파 상태를 만들기 위해 뇌에 집중하는 것보다 심장을 느끼는 게 훨씬 더 효과적이기 때문이다. 교감을 할 때 역시 뇌에 집중하다 보면 자신도 모르게 좌뇌를 쓰게 되는데, 이러면 정확도가 떨어진다.

심장을 연구하는 전문의들은 심장이 단순한 펌프가 아니라 애정과 긍정적인 감정에 반응을 하고 표현을 하는 독립된 감정체라고 말한다. 즉 심장은 기분이 좋고 행복할 때 가장 고른 리듬을 탄다는 뜻이다.

동물 교감을 위해 심장을 느낄 때 가장 중요한 건 불규칙한 심박의 패턴을 안정시키는 것이다. 그러기 위해서 필요한 건 바로 나와 교감을 하려는 동물에 대한 사랑의 감정이다. 그래야 그들의 심장 리듬과 어울리는 화음을 만들어낼 수 있다. 사랑이 없으면 교감이 되지 않는다. 파동이 찌그러져 동물에게 제대로 전달되지 않기 때문이다.

🐾 동물의 심장과 내 심장을 가까이

하이디 라이트가 〈TV 동물농장〉 등의 프로에 나와서 동물과 교감하는 모습은 많은 시청자들의 심금을 울렸다. 어느 날부턴가 반려자에게조차 마음의 문을 굳게 닫아버린 동물들의 아픈 사연을 그녀가 교감을 통해 들려주었을 때. 그리고 역시 교감으로써 동물들의 상처를 치유해주었을 때, 우리는 교감의 중요성을 실감할 수 있었다. 그런데 그녀가 바닥에 발을 딛고 서있는 동물들과 교감을 할 때, 곧잘

무릎을 꿇곤 했는데 그 이유가 뭘까?

 동물과 눈높이를 맞추기 위해서일까? 물론 그것도 맞다. 서로 눈을 바라보면 훨씬 마음이 잘 통하니까. 그런데 더 중요한 이유는 바로 동물의 심장에 그녀의 심장을 가까이, 그리고 일직선에 놓이게 하기 위함이다. 동물의 심장 주위에 형성된 자기장과 사람의 그것이 겹치면 교감이 훨씬 잘 이루어진다.

 영화 〈마음이 2〉가 제작되었을 때, 나는 시사회장에서 마음이와 교감을 해달라는 요청을 받고 관객들이 모인 상영관에 갔다. 수백 명의 관객이 웅성대는 곳에서 교감을 정확히 하는 건 사실 쉬운 일이 아니다. 그때 나 역시 마음이의 키 높이에 맞춰 무릎을 꿇고 마음이의 마음을 느꼈다.

"우리 아빠(훈련소 소장님)를 무척 사랑해요. 그리고 아빠가 제 목에 걸어준 십자가 목걸이를 다시 걸어주세요. 영화 촬영 기간에 빼두었거든요."

"그랬구나. 그렇게 전할게. 촬영은 어땠어?"

"쉬운 일은 아니더라구요. 그렇지만 늘 절 믿어주고 보살펴주시는 아빠가 있기 때문에 잘 하려고 노력했어요. 촬영이 무사히 끝나 아빠 곁으로 다시 돌아올 수 있어 너무 좋아요. 참, 저는 월드컵 응원전에도 유명 연예인들과 함께 참여했었답니다. 완전 영광이었죠. 예쁜 언니들이랑 유명한 오빠들이랑 함께 했으니까요. 히히."

내가 마음이의 말을 전달하자, 관객석에선 '와' 하는 감탄 소리가 들려왔고, 함께 무대에 서있었던 마음이 아빠는 "집에 돌아가 마음이에게 목걸이를 다시 걸어줘야겠네요."라고 말했다.

사실 나는 마음이의 아빠가 누군지 역시, 무대 위에 올랐을 때야 알 수 있었다. 마음이가 말해주었기 때문이다.

"우리 아빠는 마르고 아주 까만 저 사람이에요."

마음이의 심장에서 흐르는 전류가 만들어낸 자기장과 나의 자기장이 겹쳐져, 교감이 아주 잘 이루어진 것이다.

Tip

초당 한 번의 교신이 가능하다고?

심장의 피가 동맥으로 뿜어져 나가는(수축기) 혈압은 강하나, 정맥으로 유입되는(이완기) 혈압은 낮다. 바로 이 두 순간, 심장은 지구의 주파수를 끌어당기고 끌려가기를 반복한다. (이때 뇌 주파수는 4~15Hz 사이이다.) 이때가 바로 동물과 송수신이 되는 순간이다.

심장은 건강한 성인의 경우, 분당 60~100회 뛴다. 즉 분당 60회 정도 교신한다는 것이므로, 초당 1회 교신도 가능하다. 이때 동물이 전달해준 오감이 지구의 공명파를 타고 지구 밖 전리층까지 갔다가 우리의 심장과 공명하는 것이다. 이것이 그들의 오감이 아주 짧은 순간, 찰나로 느껴지는 이유다.

수시로 동물을 안고 있으면 안 되는 이유

동물의 분리불안증은 교감의 원리로도 설명이 가능하다. 심장을 가진 동물은 심장의 활동에 의해 전류가 형성되고, 주위에 자기장이 형성된다. 강아지의 경우, 심장으로부터 30~40cm 정도까지 에너지장이 형성되므로, 동물과 항상 가까이 있으면 저절로 반려자의 체내 자기장과 쌍방 교류가 되는 것이다. 때로는 서로의 리듬이 겹치기도 하는데, 서로의 친밀감은 이런 원리에 의해 형성된다.

그러므로 갑자기 반려자가 외출을 해버리면 동물은 이유 없이 불안해지고 만다. 분리불안증인 것이다. 반려자 역시 마찬가지로 동물과 떨어져 있으면 몸이 처지고 우울해질 수 있다. 아니 오히려 동물보다 더 심한 증상이 올 수 있다. 왜 그런지 생각해보자. 사람의 심장 전압은 동물의 그것보다 훨씬 높으며, 전압은 높은 곳에서 낮은 곳으로 흐르니, 사람이 동물에게 더 빠져들게 되는 것이다. 그러니 자연히 항상 끌어안고 가까이 지내면 동물에 대한 사랑이 집착의 수준까지 이르게 될 수 있으니 주의해야 한다. 서로 힘들어지지 않기 위해 평소 반려동물과 적당한 거리두기를 하는 것이 건강한 관계법이다.

교감 실전, 심장박동을 느껴라

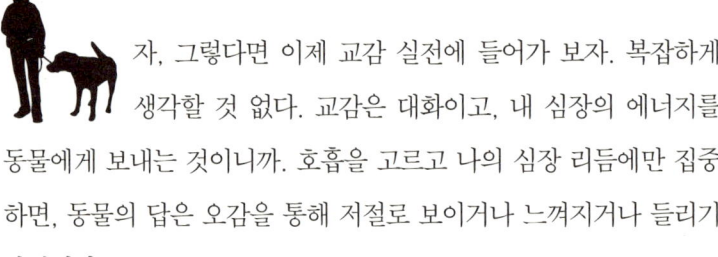

자, 그렇다면 이제 교감 실전에 들어가 보자. 복잡하게 생각할 것 없다. 교감은 대화이고, 내 심장의 에너지를 동물에게 보내는 것이니까. 호흡을 고르고 나의 심장 리듬에만 집중하면, 동물의 답은 오감을 통해 저절로 보이거나 느껴지거나 들리기 마련이다.

교감은 항상 유쾌하고 즐거운 마음으로 하는 게 중요한데, 그러기 위해서는 동물들이 대화에 적극적으로 임할 수 있는 시간을 선택하는 게 좋다. 특히 내가 키우는 반려동물이 아닌 다른 사람의 동물과 사진 교감을 한다면, 앞에서도 말했다시피, 반려자가 외출한 후나 반려자가 집에 돌아와 잠든 후가 가장 적당하다. 그때야말로 동물이 가장 심심한 상태인지라, 말을 걸어주면 상당히 반길 뿐 아니라 대답도 잘 해주니 말이다.

😺 교감을 위한 최적 환경 조성하기

교감이 아주 능숙해지면 환경에 구애받지 않고 언제 어디서든 가능해진다. 하지만 초보자일 경우엔 얘기가 달라진다. 일단 조용한 곳이 좋다. 조금만 시끄러워도 교감에 방해가 된다. 나만 해도 초반엔 바스락거리는 소리만 들려도 교감이 되질 않아, 혼자 베란다에 나가서 유리문을 닫고 교감 연습을 하곤 했다.

그리고 동물의 심장 파동과 나의 심장 파동의 만남을 방해하는 것들은 미리 제거하는 게 좋다. 그래야 교감이 빨리, 그리고 정확하게 이루어진다. 먼저 몸에 착용한 목걸이나 반지, 머리핀 등은 모두 빼고, 옷도 갈아입자. 바지나 스커트에 있는 지퍼 역시 쇠붙이이므로 교감에 방해가 되기 때문이다.

조명은 간접등 정도가 좋다. 글씨를 겨우 읽을 정도로 약간 어두운 조명을 켜고 적당히 푹신한 자리에 눕는다. 보통 명상을 할 때 가부좌를 트는데, 그러면 어지간히 허리가 튼튼한 사람이 아니고선, 5분만 지나도 통증이 느껴지면서 허리가 구부러지기 마련이다. 이런 자세에선 자연히 집중력이 흐트러지면서 교감이 잘 안 된다. 교감은 쉽고 즐겁게 하는 게 포인트인데, 굳이 힘든 자세로 할 필요가 없다. 게다가 교감을 명상으로 접근하려고 하는 건 옳지 못하다. 수강생 중에는 오랫동안 명상수련을 해왔지만, 교감에는 쉽게 이르지 못한 사람도 있었다. 명상과 교감은 다르다는 사실을 이해하는 것도 중요하다.

특히 초보자일수록 누운 상태로 편안하게 시작해야 교감이 흥미로워지고, 흥미를 느껴야 교감이 더 잘 되는 법이다. 몸과 마음이 편하면 동물과의 신호채널이 금세 맞춰지면서 접속이 빨라지는 건 당연지사다.

🐾 초보자일수록 사진교감이 좋다

교감을 하고자 하는 동물을 직접 보지 않더라도 사진이 있다면 사진을 보아도 좋다. 사진에도 찍힌 동물의 고유 파장이 묻어있기 때문이다. 특히 처음 만나는 동물이라면 더더욱 사진 교감이 유리한데, 동물은 처음 본 사람을 경계하고 멀리하려는 경향이 있기 때문에 그렇다.

또 초보자일수록 내가 기르는 동물이 아닌, 다른 반려자의 동물과 교감을 하는 게 훨씬 좋다. 내가 기르는 동물일 경우엔, 이미 동물에 대해 많은 걸 알고 있는 터라, 메시지를 받아도 이미 자신이 알고 있는 정보를 머릿속에서 출력한 건지, 실제 교감이 된 건지 알쏭달쏭하기 때문이다. 이 같은 이유에서도 사진이 유용하다. 동물 의사소통가인 마타 윌리엄스, 하이디 라이트의 스승인 아멜리아 킨케이드 역시 사진 교감법을 추천하고 있다.

사진 교감 후 반려자에게 사실 여부를 확인하는 걸 반복하다 보면 교감 실력이 크게 향상될 수 있다. 먼저 사진을 받은 후 1분 정도 사진을 바라보자. 그런데 만일 사진이 컴퓨터나 휴대폰 안에 저장되어 있다면, 1분간 본 후 최대한 기기로부터 멀어지자. 전자기기의 전파 역시 교신을 방해하는 주범이니까.

이때 느낌만으로도 '이 동물의 상태는 왠지 이럴 것 같아'라는 감이 올 수 있겠지만, 그건 직감일 뿐이다. 맞을 수도 있고 틀릴 수도 있으니, 혹여 맞추었다고 해도 아무런 의미가 없다. 우리가 지금 하려는 것은 교감, 즉 쌍방향 커뮤니케이션이기 때문이다.

동물을 보면서 인사를 건네는 건 굉장히 중요한 일이다. 물론 내가 키우는 반려동물이라면 굳이 긴 인사를 생략해도 좋겠지만, 그게 아니라면 칭찬 섞인 첫인사를 건네보자.

"안녕, 봄이야? 나는 동물과 대화를 할 수 있는 사람이란다. 너 참 부리가 멋지다. 참 강해 보여. 부러운 걸?"

인사를 마쳤다면, 약 1분 정도 궁금했던 내용을 떠올려보자.

여기까지가 본격적인 교감을 위한 워밍업이다.

🐾 메시지를 송신하고 수신하기

1. 가슴에 양손을 얹고 호흡을 1분간 한다. 이때 눈을 감고 코와 입으로 자유롭게 숨을 쉬면서 심장박동 소리를 느껴본다.

이 행위 자체가 바로 메시지를 보내는 방법이다. 이미 질문은 무의

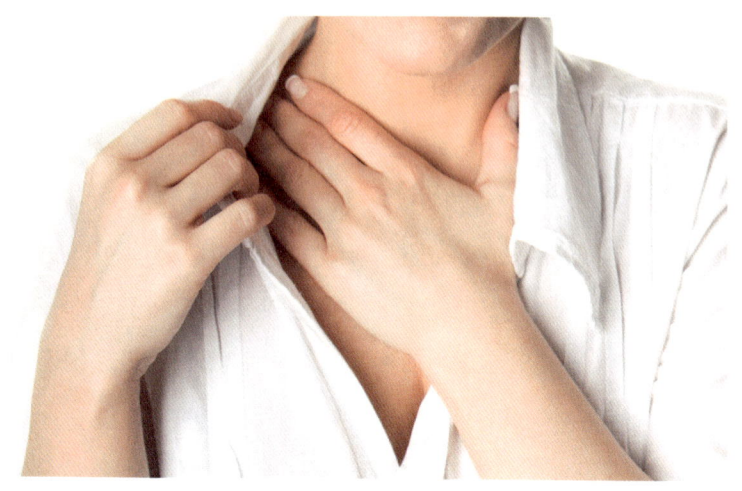

식에 저장되어 있으므로, 굳이 이미지화시켜 동물에게 전달할 필요가 없다. 심장에만 집중하고 있으면, 묻지 않아도 동물은 메시지를 받기 때문이다. 그것이 바로 공명이고 파동의 일치이다.

이때 호흡은 명상법에서 쓰는 단전호흡법을 의식할 필요는 없다. 교감에 필요한 호흡법은 코로 들숨, 날숨을 쉬면 충분하다. 하나, 둘 숫자도 세지 말고, '천천히 해야지'란 생각도 하지 말자. 그렇게 의식하는 것 자체가 좌뇌를 활성화시키는 일이다. 이는 교감을 방해할 뿐이니, 그저 아무 생각 없이 멍하게 심장에만 집중하는 게 포인트다.

박동이 잘 느껴졌다면, 심장위에 올려둔 양손을 내려놓자. 자칫 심장을 압박할 수도 있으니까.

2. 찌릿찌릿한 느낌, 파직하는 듯한 느낌, 순간적으로 거센 전류가 흐르는 느낌 등등, 개개인마다 조금씩 다른 느낌이 느껴질 것이다.

이는 우리의 심장에 존재하는 생체 전류 자기장이 동물과 교감하기 위해 채널을 맞추고 있다는 증거이므로, 놀라지 말고 그대로 받아들이자.

'어? 왜 이러지?'라고 의심하는 순간, 파동은 찌그러져 교감이 이루어지지 않는다. 또 생각이 개입되었기 때문이다. 그냥 그 순간을 계속 집중하고 있으면 마치 꿈을 꾸는 듯한 상태에서 무언가 강렬한 메시지를 받을 것이다.

이때 만일 짜증이 난다면, 동물이 나에게 짜증을 내고 있는 것이다. 몸의 어딘가가 유난히 아프다면, 동물의 그 부위가 아픈 것이다. 심장이 유난히 쿵쾅거리며 뛴다면, 동물이 지금 스트레스를 받아서 그렇다.

오감을 최대한 열어 그 느낌을 캐치한다. 그것이 바로 동물의 대답이니까.

3. "고마워." 마음으로 인사를 하고, 내 몸 주위에 둥근 원형의 에너지로 막을 친다는 상상을 하면서 눈을 뜬다. 아니면 10~0까지 거꾸로 세어 가면서 '나와 동물의 교신은 끝이 났고, 서서히 내 몸은 교감상태에서 벗어난다'라고 상상한 후 눈을 뜬다.

이것이 채널차단이다. 채널차단은 매우 중요하다. 동물에게 대화가 끝났음을 알리고 인사를 하는 의미도 있지만, 나 역시 교감을 마쳤다는 신호를 내 심장에게 보내는 의미이다. 만일 채널차단을 하지 않으면 원치 않는 순간에 메시지들이 전달 돼, 일상생활에 지장을 줄 수 있다. 계속 내 심장이 동물과 주파수를 맞춘 상태로 유지되는 까닭이다. 처음에 교감 연습을 시작했을 때, 이 원리를 몰랐던 나는 정신착란증이 생기는 줄 알았다. 내 의지와 무관하게 동물들의 소리가 들려왔기 때문이다.

"오늘은 뭐 할 거야?" "옷은 그게 뭐야? 왜 그런 걸 입어?" "나 어디 있게! 찾아봐."

그때 앵무새가 내게 채널차단법을 알려주지 않았다면, 아마 꽤 오랫동안 심각하게 고민했을 것이다.

그러니 교감이 끝난 후에는 반드시 보호막을 명확하게 친 후 눈을 뜨도록 하자.

🐾 Tip

교감 후 즉시 메모를 해야 하는 이유

우리의 기억에는 순간기억(감각기억), 단기기억, 그리고 장기기억이 있는데, 교감할 때 동물로부터 받은 신호는 순간기억에 속한다. 전파량이 너무 미비하기 때문이다. 순간기억은 다시 청감각(들리고) 기억과 영사(보이는) 기억으로 나뉘는데, 전자는 불과 2초 동안, 후자는 1초 동안만 유지된다. 그러므로 즉시 메모를 하지 않으면 교감 내용을 금세 잊어버리므로, 교감 전에 흰색 메모지와 검정색 펜을 미리 준비해두자.

동물의 진짜 집중시간은?

동물 교감을 위해서는 해당 동물의 습성과 집중도(시간)를 알 필요가 있다. 예를 들어, 개의 집중시간은 평균적으로 5~10분이며, 고도로 훈련된 경우 최장 30분까지 가능한 것으로 알려져 있다. 그런데 실제 교감을 해보면, 습성상 신경이 분산되는 까닭에 교감 시 상당히 혼란스러웠다. 결국 실질적인 교감 시간은 몇 초에서 최고로 길 때가 10분이었다. 이 때문에 1회 교감은 아무리 오래 해도 10분 이내에는 끝내는 게 좋다.

교감의 촉매제, 음악과 운동

나는 초등학생 때부터 학교를 대표하는 운동선수였다. 밥 먹고 잠잘 때까지 죽어라 하는 일이 운동이었다. 그때는 지겹기도 했지만, 육상부터 복싱까지 두루두루 섭렵한 덕에 지금도 하루에 두 시간만 자도 너끈하다. 그리고 대학에 와서는 기타에 흠뻑 매료되었다. 노래를 부르고 기타를 연주하는 게 너무 좋아, 강의가 없는 시간엔 음악 동아리방에서 거의 살다시피 했다.

그런데 나중에 알고 보니 이 두 가지가 동물 교감엔 약방에 감초나 다름없었다. 호흡을 고르고, 심장의 리듬을 익힌 후, 이 둘을 평소에도 고르게 유지시키는 데 운동과 음악만 한 게 없었던 것이다.

🐾 4분의 4박자 음악과 심장리듬

교감을 위해 심장에 집중한다는 것은 자신만의 고유한 신체리듬을 잘 타기 위함인데, 이는 악기를 다루는 일과 아주 유사하다. 악기 역시 박자에 맞춰 리듬을 타는 일이기 때문이다.

악기를 다루지 못하더라도, 음악을 자주 듣는 것만 해도 도움이 된다. 그리고 이왕이면 4분의 4박자의 음악이 좋은데, 이 박자야말로 '따아, 따아' 뛰는 심장 박동과 매우 흡사한 까닭이다. 대게 클래식 음악이 그렇다. 물론 너무 슬픈 음악을 들으면 영화 〈글루미선데이〉에서처럼 기분이 너무 가라앉아 우울증이 올 수 있으니, 밝은 세미클래식이 좋겠다. 그런 음악을 꾸준히 듣다 보면 박자들이 저절로 몸에 익게 되고 결국 의식하지 않아도 그 박자대로 호흡이 고르게 된다.

불후의 명곡으로 꼽히는 베토벤, 모차르트 등의 음악들이 태교에 좋은 이유는, 그 곡들의 박자가 임산부들의 심장박동을 고르고 일정하게 해주기 때문이다. 아마도 그들은 음표와 훌륭한 교감을 하는 교감가들이 아니었을까? 악상을 위해 머리를 쥐어짜는 게 아니라 호흡을 가다듬으면서 음표가 말을 거는 대로 그저 손을 움직이는 교감가 말이다.

심장이 뛰는 걸 확실히 느끼려면

호흡이 필수인 운동 역시 마찬가지이다. 날마다 일정한 거리를 달린다면 자연히 자신의 호흡을 느낄 수밖에 없다. 심장박동 역시 그렇다. 평소에는 너무 작게 뛰어 청진기를 대야 느껴지던 심장의 리듬이, 운동 중에는 생생하고 크게 들린다.

그러므로 자주 운동을 하는 사람은, 자신의 호흡과 고유한 심장의 리듬을 금세 찾아, 평소에도 이를 유지시킬 수 있다. 화가 나거나 기분이 다운되어도 금세 회복이 가능하단 뜻이다. 심장 근육이 이완과 수축을 반복하면서 온몸에 혈류를 활발하게 보내게 되니, 심장이 튼튼해짐은 두말할 나위 없다. 심장박동의 리듬을 타면서 뇌의 파동과 자연스레 일치가 되면, 그때 동물의 파동과 교류되면서 교감이 되는 것이다. '팟' 혹은 '지직' 하는 아주 짧지만 강렬한 전류의 느낌이 오면서 말이다.

이처럼 운동은 최고의 진동법이다. 실제로 나에게 교감을 정식으로 배우는 회원들 중에는, 단 며칠 만에 동물과의 교감에 성공할 정도로 실력이 뛰어난 이들도 있었다. 그럴 때 나는 물어본다.

"혹시, 취미로 악기 다루세요? 아니면 운동하는 걸 좋아하시거나."

"저, 학교 동아리에서 신디사이저 연주했어요."

"아침에 꾸준히 조깅을 하거든요."

대부분 이런 답변을 한다. 교감이 잘 되도록 평소 단련이 되어 있던 셈이다.

생활습관만 고쳐도 교감이 빨라진다

"전 왜 이렇게 교감이 안 될까요?"
동물과의 교감 연습을 꾸준히 하는데도, 번번이 아무것도 느끼지 못한다며 하소연하는 수강생들이 있다.

"며칠 째 '먹고 싶은 게 뭐야?'라고 묻고 있는데, 아직도 우리 강아지한테 답을 못 들었어요."

이럴 때 나는 평소 생활습관을 체크해보길 권한다. 무엇보다 동물교감을 잘 하려면 심장이 튼튼해야 하는데, 이를 위해선 혈액순환이 잘 돼야 하는 게 기본이다. 또 몸의 생체에너지를 교란시키는 전자제품을 너무 빈번히 사용하는 것 역시 교감을 방해한다.

명상을 하는 이들이 산을 자주 찾고 펑퍼짐한 생활한복을 즐겨 입는 것 역시, 몸의 혈액순환을 원활히 하고 문명보다는 자연을 접하는 게 명상에 도움이 된다는 걸 알기 때문이다.

🐾 하이힐보다는 운동화를

아프리카 동부 케냐의 마사이족이 건강하게 장수하는 비법은 바로 마사이 걸음에 있다고 한다. 마사이 걸음이란 발바닥을 지면에 밀착시키고 엄지발가락을 차올리는 방식인데, 이렇게 걸으면 발바닥 전체에 체중이 고르게 분산되어 척추가 꼿꼿하게 세워진다. 그뿐만 아니라 발바닥 전체로 땅을 짚으니 혈액순환도 좋아진다. 결국 심장이 튼튼해지는 비법은 제대로 된 걸음걸이에 있는 셈이다.

그런데 하이힐을 신으면 마사이 걸음은커녕 척추가 휠 수 있다. 사실 굽이 있는 구두를 신는 것 자체가 발바닥 전체를 지면에 밀착시키는 것을 방해하기 때문에 건강에 좋지 않다. 여성들의 경우 하이힐을 오래 신으면 척추 이상뿐 아니라, 경추로 이어진 뇌에 혈액이 제대로 공급되지 못할 수 있으니 조심하자. 또 내딛는 속도와 심장박동 소리가 불일치하게 되므로 고른 호흡이 불가능해져, 교감에 방해가 된다. 사실 교감 연습을 시켜 보면 남성보단 여성들이 훨씬 교감을 잘 하는데, 알다시피 여성들이 더 직감력이 뛰어나기 때문이다. 그런데도 교감이 잘 안 되는 이유는, 바로 이런 건강상의 문제 때문일 확률이 높다. 그러니 교감을 잘 하고 싶다면, 당분간만이라도 하이힐과 작별하고 건강을 챙기는 게 좋겠다.

가장 좋은 건 마사이족처럼 맨발로 흙을 밟는 것이지만, 현실적으로 불가능한 일이므로 운동화를 권하고 싶다. 운동화를 신으면, 최대한 발이 긴장하지 않고 편안한 상태로 걷기가 가능해지기 때문이다.

😺 금속, 전자제품을 멀리하라

나는 TV를 거의 보지 않는다. 한때 특정 드라마에 빠져 매일 저녁만 되면 그 드라마를 보곤 했는데, 이게 웬걸, 동물 교감을 할 때마다 동물의 이야기는 들리지 않고, 자꾸 드라마 주인공 모습만 떠오르는 게 아닌가. 그 뒤부터는 아예 TV 자체를 멀리하게 되었다.

TV는 전자신호를 모았다가 한꺼번에 방출하는 대용량의 전파체로, 20~30mV 전압의 전류가 흐르는 생체에너지를 교란시키기에 충분하다. 의지로 막으려 해도 잘 안 되니, 교감에 집중하고 싶다면 TV를 꺼버리는 게 현명하다. 휴대폰 역시 평균 3.7V 전압의 전류가 흐르는 전자제품이므로, 습관적으로 자주 만지작거리거나 바지 주머니에 넣고 다니는 건 피하자.

실제로 교감을 할 때는 휴대폰 전원도 끄고, 주변의 콘센트에 꽂힌 전기선도 모두 뽑아버리는 게 좋다. 앞에서도 말했지만 귀걸이나 목걸이, 벨트 등 몸에 착용한 금속제품을 빼는 게 좋은 것도 짐작 가능할 것이다.

🐾 살아있는 자연식으로 에너지 Up

배터리 없는 휴대폰은 무용지물이듯, 우리 몸 역시 배터리 즉 에너지가 있어야 한다. 평소에 우리는 음식을 통해 에너지를 흡수한다. 전류가 충분히 흐르고 모아져야 전파를 쏠 수 있는 것과 마찬가지로 음식물은 생존과 교감을 위한 기본 에너지인 셈이다. 모든 음식물은 침이 닿는 순간 화학물질로 변하여 식도와 위와 장을 거쳐 온몸으로 퍼진다. 그러므로 생체에너지를 만드는 주원료인 음식물을 잘 섭취하는 것도 교감을 잘 하기 위해 매우 중요한 생활습관이다. 그런데 아무 음식이나 먹어서는 곤란하다.

우리 몸은 파동체인데, 건강한 신체에 흐르는 파동수는 62~68Hz이다. 그런데 가공식품이나 캔에 들어있는 파동수는 0Hz이다. 아무리 많이 먹어도 진정한 의미의 에너지를 만들어내지 못한다는 뜻이다. 하지만 자연에서 막 거두어들인 신선한 음식들은 무려 15Hz이다.

그래서 평소 신선한 자연식을 골고루 섭취하면 에너지가 충전되고 몸의 전류가 활발히 흘러 교감이 원활하게 되도록 도와준다.

동물의 언어,
어떻게 해석할까?

동물들은 과연 사물을 어떻게 받아들이고 기억할까? 우리는 그것을 정확히 알아야 그들의 이야기를 정확히 이해할 수 있다.

사람과 오랫동안 함께한 반려동물은 대부분 몇 가지 간단한 단어들을 알고 있다. 그러니까 반려자가 쓰는 간단한 말들, 예를 들어 '산책할까? 이리 와, 앉아, 나갈까? 목욕할래?' 등의 말이다. 이 정도는 학습을 시켜서 의사소통을 하는 게 좋겠다.

그럼 그 이상의 단어들을 그들은 어떻게 이해하고 받아들일까?

'동해물과 백두산이 마르고 닳도록, 하느님이 보우하사 우리나라 만세.'

과연 그들이 이런 말을 알아들을까? 아주 똑똑한 동물의 경우 각각의 단어를 이해할 수도 있겠지만, 그건 아주 극소수일 뿐이다. 동물은 단어가 아닌 다섯 가지 감각 즉 오감으로 이를 기억한다.

🐾 동물이 이야기를 건네는 방식

우리가 일상생활을 하면서 가장 많이 사용하는 감각은 시각이다. 날마다 컴퓨터 모니터를 바라보고, 시계바늘이 몇 시를 가리키는지 바라보고, 상사의 표정을 살피고, 거리의 간판을 바라본다. 그러다 보니 당연히 시각이 가장 예민하게 발달되어 있을 수밖에 없다. 하지만 동물들의 시력은 그리 훌륭하지 못하며, 그들은 여러 가지 방법으로 사물을 인식한다는 걸 이해할 필요가 있다. 그들의 말에 귀를 기울이려면, 오감을 충분히 열어둬야 한다.

물론 직업이 요리사라면 무엇보다 맛의 느낌을 강렬히 전달받고, 가수라면 소리로 메시지를 잘 전달받기도 한다. 평소 잘 쓰는 감각이라 유난히 잘 발달되어 있는 까닭이다.

내가 강아지 쭈쭈에게 "쭈쭈는 언제 가장 행복했지?"라고 물었을 때, "지난 여름, 바닷가에 갔을 때요"라고 답했다면 이 답은 내게 어떤 식으로 전달될까?

1. 지난(과거라는 느낌이 든다)
2. 여름(계절변화·주기변화, 자연의 일부이므로 동물이 사람보다 훨씬 더

명확히 구분한다. 보통 시각으로 전달된다.)

   3. 외출(시각)

   4. 넓은 물(시각)

   5. 바다 특유의 냄새(후각)

   6. 모래 알갱이가 발에 닿았던 느낌(촉각)

   7. 반려자와 함께 놀았을 당시의 감정(오감)

쭈쭈는 내게 1번~7번을 동시에 보낸다. 마치 빠르게 필름이 돌아가는 것처럼 아주 순간적으로. 0.2초의 간격으로 빠르게 지나가는 이

감각들을 재빠르게 메모해야 그들의 말이 비로소 무슨 의미인지 헤아릴 수가 있다. 만일 조금이라도 놓치면, 바닷가가 강가로 변하는 등의 오차가 발생할 수 있거나 무엇을 보냈고 무엇을 봤는지 생각조차 안 날 수도 있다. 그러니 최대한 몰입하고 메모한 후에 의미를 곱씹어보아야 한다. 그들과 주파수를 맞추고 오감을 총동원했을 때 가능한 일이다.

> **Tip**
>
> ### 보려는 강박증을 버려라
>
> 나에게 교감법을 배우는 수강생들에게도 항상 주문하는 사항은 바로, "보려고만 하지 마세요"이다. 이건 아주 중요한 포인트이다. 동물의 답변은 아주 순간적으로 오감을 통해 전달되는데 자꾸 보려고만 하면, 다른 감각으로 전달해오는 것들은 전부 놓쳐버려 해석이 어려워질 뿐 아니라 오역을 하기 쉽다. 꾸준한 연습을 통해 보려는 강박증을 버려야 훨씬 다양한 느낌들을 받을 수 있다. 까미 아빠 역시 그랬다.
> "어느 순간부터 촉감이 느껴졌어요. 따뜻하고 부드러운 방석의 느낌이요. 예전 같으면 방석의 모양이나 색깔에 집착해서 폭신하다는 느낌은 놓쳐버렸을 거예요."
> 이처럼 같은 방석이라도 폭신한 정도에 따라 그 느낌이 다를 테니, 시각 이외의 감각이 더해져야 해석이 더 정확해진다. 동물들은 시각보다는 청각, 촉각 그리고 후각에 더 집중한다는 사실을 명심하자.

되질문으로 답 유도하기

만일 동물이 스스로 떠올리지 못하면 유도를 해줄 필요가 있다.
"지금 가장 먹고 싶은 게 뭐야?"

최근 강아지 뽀삐와의 교감 중에 이렇게 묻자, 뽀삐는 내게 붉은 물체를 보여주었다. 딱 한 가지 이미지 외에 그 어떤 것도 감지해내지 못한 나는 다시 뽀삐에게 물었다.

"그건 어떤 냄새야?"

"아주 비려요(냄새로 보내준다)."

"음, 모양을 좀 더 다른 각도로 보여줄래? 피곤하겠지만 내가 정확히 이해해야, 엄마한테 뽀삐가 원하는 것을 주라고 말할 수 있거든."

"더 이상은 힘들어요."

"그럼 뽀삐가 할 수 있는 다른 표현을 해줘."

그러자 뽀삐는 갑자기 내 가슴을 핥는 영상을 보내는 게 아니겠는가. 순간 나는 등골이 오싹했다.

"설마……, 나를 먹고 싶단 얘기니?"

"하하, 아니요. 아저씨 가슴 밑의 붉은 간요."

"내 간?"

"아뇨, 다른 동물의 간요."

"아하."

이렇게 자꾸 질문을 통해 생각의 간극을 줄이다 보면, 서로 헛다리를 짚는 일을 방지할 수 있다. 단, 10분 이상을 넘기면 곤란한데, 동물의 집중력에는 한계가 있기 때문이다. 10분이 넘으면 마치 주파수가 잘 맞춰지지 않은 라디오에서 지지직 소리가 나는 것처럼 수신이 잘 안 된다. 이럴 때는 아쉽겠지만 질문을 끝내고 다음을 기약하자.

🐾 교감일까, 잡념일까

나는 뽀삐 엄마에게 교감 내용을 전했다. 그런데 뽀삐 엄마는 고개를 갸우뚱했다.

"뽀삐에게 한 번도 간을 먹여본 적이 없는데, 어떻게 간을 알죠?"

어라? 내가 교감을 잘 못한 것일까? 대게 교감 초보자의 경우, 자신의 반려동물이 본 적도 없는 것에 대한 이미지를 받게 되면, 자신의 교감 실력을 의심한다.

'에이, 웬 잡념이야.'

그런데 잡념이 아니다. 이미 뽀삐는 사람의 머릿속에 저장된 이미지를 열람해 스캔한 후, 그것을 그대로 보낸 것이니 말이다.

"강아지가 뱀이 무섭다고 하니, 혹시라도 TV에서 뱀이 나오면 보여주지 마세요."

"우리 강아지는 태어나서 한 번도 뱀을 본 적이 없어요."

이런 경우 강아지는 어미의 뱃속에 있을 때, 어미로부터 그 메시지를 받은 것이다. 어미가 뱀을 본 후, 이를 떠올리면서 두려운 감정을 느꼈다면, 실제 뱃속의 새끼도 그 뱀의 영상과 감정을 고스란히 받을 수 있다. 혹은 어미로부터 '뱀은 무서운 것'이라고 교육을 받았을 지도 모른다.

"지나가다 몸이 가느다랗고 혀를 날름거리는 동물이 있다면 피해야 해. 입 안에 독이 있어서 너를 해칠 수 있거든."

사람 역시 뱃속에 있을 때부터 세 살이 되기 이전까지가 인성과 감성을 형성하는 데 있어 가장 중요한 시기라고 한다. 그래서 산모가 태교를 위해 좋은 그림만 보고, 좋은 음악만 듣고, 좋은 음식만 먹는 것이다.

동물은 이처럼 사람의 머릿속 이미지를 통해 새로운 정보를 얻기도 하고, 엄마 뱃속에 있을 때 받은 정보를 뇌 속에 저장해두기도 한다는 사실을 기억하자.

🐾 투감 그 자체에 몰입하라

교감에서 투감을 사용하는 경우도 많다. 무어라 딱 꼬집어 설명할 순 없지만 마음속에서 강렬하게 떠오르는 느낌. 즉 동물의 마음이 정확하게 내 마음에 확 다가오는 것을 말한다.

"가장 하고 싶은 게 뭐야?"라는 질문에 쭈쭈가 누군가가 열심히 운동하는 영상을 보내온다면, 과연 이건 어떤 의미일까? 누구나 쉽게 생각할 수 있는 건 다음 세 가지 중 1번일 것이다. 그런데 이때 마음속에서 그리움이란 감정이 뭉글뭉글 피어오른다면, 답은 3번이다.

1. 저는 열심히 운동하고 싶어요(산책, 각종 놀이 포함).
2. 저희 가족이 운동을 좀 열심히 해서 건강해졌으면 좋겠어요.
3. 열심히 운동을 하던 그분을 보고 싶어요. 전 그분을 무척 좋아하거든요.

　이것이 바로 가슴과 가슴 사이의 강렬한 스팟, 즉 투감이다. 만일 동물의 몸 어딘가가 아프거나 문제가 있다면, 내 몸의 같은 부위에 경련이 일어나기도 하는데, 이 또한 투감이다. 바디스캔이라고도 부른다. 동물의 신장에 문제가 있다면, 교감사의 아랫배나 허리가 찌릿찌릿하거나 시큰거릴 것이다. 또 등이 뻐근하게 아프다면, 췌장에 문제가 있을 수 있으니 동물병원에 데리고 가볼 필요가 있다. 노견들의 경우엔 치주염과 결막염이 많이 생기므로, 이들과 교감하다 보면 이가 시리거나 눈이 따갑고 건조하다.
　그런데 재미있는 건, 우리에겐 없는 신체기관의 아픔도 느낄 수 있다는 것이다. 우주라는 고양이를 키우는 한 반려자가 우주와 교감을 하다가 이상하다며 내게 문의를 해왔다.

"심장에 집중하고 있는데, 꼬리뼈 근처가 아파요. 그런데 이상하게 긴 꼬리 끝부분이란 생각이 자꾸 들어요. 전 꼬리도 없는데 말이에요. 아무래도 그냥 잡념이겠지요?"

"아닙니다. 분명 우주 꼬리뼈에 문제가 생겼을 거예요. 병원에 가 보세요."

실제로 병원에 데리고 갔더니 우주의 꼬리뼈에 살짝 금이 가 있었다. 우리는 긴 꼬리가 없지만, 마치 있는 것처럼 강렬한 투감이 일어난 것이다.

이처럼 반려동물과 투감이 잘 되면 호미로 막을 것을 가래로 막는 사태를 미연에 방지할 수도 있다. 큰 병이 나기 전에 미리 알아차릴 수 있기 때문이다.

다음은 타민이 엄마가 카페에 올린 사연이다.

"새벽에 심장에 집중하면서 교감을 시도했어요. 그런데 갑자기 몸이 추워지는 거예요. 약간 떨리기도 하고. 더 하다가는 감기 걸릴 것 같아서 마무리하고, 이불 속으로 쏙 들어갔지요. 이불 안의 온기에 몸을 맡겨도 서늘한 기운이 금세 가시질 않더라구요. 결국 아침에 일어났더니 감기기운이 생겼어요. 그런데 생각해보니, 어제 제가 출근하면서 난방을 제대로 안 하고 나갔다가 밤늦게 퇴근했지 뭐예요. 우리 강아지 타민이는 자다가도 좀 덥다 싶으면 이불 위로 올라가서 자는 아이인데, 어제 관찰 카메라로 낮 동안 타민이의 모습을 보았는데, 웬일인지 이불 속으로 들어가서 도통 나오질 않더라구요. 타민이가 추웠나봐요. 그래서 제가 그 한기를 느낀 게 아닌지……."

타민이 엄마는 심장에 집중하자마자 곧바로 투감이 된 것이다. 강아지 타민이가 감기에 걸려 추운 상태 그대로 말이다. 아마 타민이는 난방이 안 된 날 많이 추웠을 것이다.

🐾 비유법을 쓰는 동물이라면

나는 10년 동안 동물 교감을 해오면서, 대부분의 동물이 비유법을 통해 이미지를 전달해온다는 사실을 발견했다. 결국 우리 머릿속에 있는 이미지로 치환되어 정보가 전달되는 것이다. 처음엔 '이게 뭐지?'란 생각에 적지 않게 당황했다. 마치 사람으로 치면 시인 같은 존재랄까. 직설적으로 이야기해주어도 못 알아들을 판에 비유라니. 하지만 꾸준히 연습하다 보니, 마치 수수께끼를 푸는 것처럼 재미있었다. 그들의 마음을 이해하려는 노력만 있다면 그들만의 언어를 해석하는 게 마냥 어려운 일도 아니다.

내가 고양이 봄이에게 "무슨 불만이라도 있니?"라고 묻자, 봄이는 망에 갇힌 개구리 이미지를 내게 보냈다. 갑자기 웬 개구리? 개구리가 먹고 싶단 뜻일까? 처음엔 이렇게 생각했는데 그게 아니었다. 나는 순간 느낌이 왔다. 그래서 반려자에게 물었다.

"혹시 봄이를 철창에 가둬두셨어요?"

"아, 네. 하도 집밖으로 나가는 바람에……."

그러니까 물가를 자유롭게 헤엄치는 개구리는, 고양이에게 '자유'의 상징이었던 셈이다. 그런데 그 개구리가 그만 그물망에 걸려버린 것이다. 자유 끝, 구속의 시작.

나는 동물들에게 가족 수가 몇 명인지를 자주 묻는데, 비유법을 기막히게 쓰는 동물들은 막대기 이미지를 보내기도 한다. 막대기 다섯 개가 나란히 놓여있는 이미지. 그렇다. 다섯 식구와 산다는 의미였다.

"먹고 싶은 게 뭐야?"라고 물었을 때 갑자기 내 머릿속에 엊그제 먹었던 치킨이 떠오른다면, 봄이는 지금 닭고기가 먹고 싶은 것이다.

우리 어머니가 떠오른다면? 그것은 나의 어머니가 평소 유난히 좋아하시는 고구마가 먹고 싶단 뜻이다. 봄이가 내 머릿속을 스캔하여 자기가 원하는 이미지를 내게 보내고, 나는 그것을 출력하는 것이다.

좀더 고난이도의 비유법도 있다.

"가족 중에 누가 제일 싫어?"

갑자기 내 친구 철수가 떠오른다면? 봄이의 가족 중에 철수란 이름을 가진 반려자가 있단 뜻일까? 아니다. 내 친구 철수와 성별, 나이, 성격 등이 비슷한 이가 가족 중에 있을 확률이 훨씬 높다.

"어디가 아파?"

이번엔 이렇게 물으니, 우리 어머니가 떠올랐다. 우리 어머니는 평소 관절염을 앓고 계신다. 그렇다. 봄이는 지금 다리 관절이 약해진 것이다.

> **Tip**
> **도대체 무슨 의미일까?**
> 1. "몇 살이니?"라고 물었는데, 창문만 보였다면? 창문이 몇 개인지 보아야 한다. 사진 교감을 했던 한 카페 회원은 두 개였다고 말했다. 그렇다면 동물의 나이는 두 살일 확률이 높다. 실제 확인 결과 두 살이 맞았다.
> 2. "너희 가족은 몇 명이야?", 역시 사진 교감 중 이렇게 물었더니, 숟가락 네 개가 보였다고 했다. "그런데 세 개는 밥 먹을 때 쓰는 숟가락이고, 하나는 티스푼이었어요." "그럼 그 동물의 반려자 가족은 네 명인데, 한 명은 어린 아이일 겁니다." 정답은? 역시 맞았다.

마치 연상법 같다. 그런데 계속 유추하다 보면, 적중률이 80~90%까지 매우 높아진다. 순간 떠오르는 생각은 잡념이 아닐 확률이 높다는 것을 믿는 것부터가 시작이다.

이런 질문은 피하라

반려자들은 동물의 이야기를 듣고 싶어 하기도 하지만, 해주고 싶은 말들도 많을 것이다. 그런데 동물은 집중하는 시간이 짧을 뿐만 아니라, 한 번에 여러 가지를 생각하고 판단하는 게 쉽지 않음을 인식해야 한다. 교감이 되었다고 해서 감정에 벅찬 나머지 한꺼번에 줄줄이 말을 쏟아내면, 동물의 머릿속은 엉킨 실타래처럼 복잡해져버리고 만다.

"뽀미야, 엄마가 널 너무 사랑하지만, 너무 바빠 자주 놀아주지 못해 미안해. 엄마가 상황이 여의치 않아 사료를 주고 있는데 괜찮니? 그리고 제발 배설은 아무 데나 하지 않았으면 좋겠어. 옆집에서 자꾸 항의하잖니. 아픈 데는 없고? 아픈 데 있으면 말해줘, 엄마가 꼭 병원

에 데려가줄게. 뽀미야, 사랑한다."

'도대체 엄마가 무슨 말을 하고 싶은 걸까?'

머릿속이 복잡해지면 교류는 끊기고 만다. 앞서 이야기했듯 질문은 단문으로 하나씩 해야지, 이렇게 장문의 편지를 써서 읊으면 동물들은 하나도 못 알아듣는다. 질문할 때에도 원칙이 있다.

🐾 질문의 원칙

1. 어렵고 추상적인 질문은 하지 않는다

　예) "행복하니?" "엄마가 좋아, 아빠가 좋아?" "안락사 시켜줄까?" "중성화를 원하니?"

2. 쉬운 것부터 묻는다

예) "먹이는 마음에 드니?" "배변하는 건 편안해?" "집은 마음에 들어?"

3. 문제점부터 지적하지 않는다

예) "왜 자꾸 사람을 무는 거야?" "자꾸 똥 안 가릴 거야?" "발톱 자를 때 소리 안 지를 순 없어?"

4. 강압적인 전달보다 왜 그런 행동을 하는지 묻는다

예) "짖지 마!" "물지 마!" "싸우지 마!" (X)
"어떻게 해주면 변을 잘 가릴 수 있겠니?" "어떻게 해주면 짖지 않을까?" (O)

5. 협박조는 금물이다

예) "자꾸 그러면 엄마가 너 버려버린다." "말 안 들으면 밥도 안 줄거야."

🐾 부정어 대신 긍정어

교감은 즐거워야 한다. 설령 동물에게 문제가 있어서 대화를 하더라도, 사랑하는 마음을 담아 즐겁게 말을 걸면 동물도 정확하게 대답을 해줄 것이다. 아멜리아 킨케이드, 리디아 히비 등 모든 애니멀커뮤니케이터들이 강조하는 건 바로 '부정어 대신 긍정어 사용하기'이다. 물론 동물들이 다소 복잡한 부정의 대화를 잘 인식하지 못하기 때문이기도 하지만, 부정어보단 긍정어가 더 사랑을 표현하기 좋지 않은가. "소파 좀 긁어대지 마!"보다, "스크래쳐만 긁어줄래?"라고 말하는 게 훨씬 부드러운 것처럼.

그러니 동물과의 대화는 되도록 긍정적이고 유쾌할 수 있도록 시도하자.

> **Tip**
>
> **결과만 강렬히 사념하기**
>
> 교감을 하면서 동물에게 행동을 요청할 땐, 이미지를 그려 동물에게 보내는 게 좋다. 예를 들어, "다른 사람이 와도 짖지 않았으면 좋겠어"라는 말을 할 경우, 동물에게 '다른 사람이 왔을 때 동물이 얌전하게 있는 모습'을 상상하여 보내는 게 효과적이다. 즉 이미 그렇게 행동하고 있는 결과의 모습을 동물에게 보내는 것이다.
> 이것은 마치 우리가 어떤 것을 간절히 원할 때, 이미 그렇게 된 나의 모습을 강렬하게 상상하는 것과 같은 이치이다. '난 부자가 될 거야'보다, '난 이미 부자야'라고 이미 그렇게 된 나의 모습을 상상하는 것이 훨씬 더 효과적인 것처럼 말이다. 이른바 긍정의 파동을 강하게 끌어들이기 위한 방법이다.

몸의 이상증상에 놀라지 말자

"가슴 쪽에서 웅웅거리는 진동이 느껴져요."
"심장소리를 느껴보려고 집중하면, 심장소리가 들리기 시작하면서 자꾸 현기증이 나고 속이 매스꺼워요."

내가 운영하는 인터넷 카페의 회원들에게 교감법에 대해 알려주면 이런 증상들을 호소하는 이들이 있다. 구토증이 나고 가슴에서 진동이 느껴진다니, 교감에도 부작용이 있는 걸까?

🐾 가슴에 전류가 모이면 몸도 반응한다

교감을 하다 보면, 몸에서 여러 가지 반응들이 일어난다. 가슴에 집중을 하는 이유는 몸의 전류를 한 곳에 모으기 위함인데, 전류가 집중적으로 가슴으로 이동하는 과정에서 진동이 일기도 한다. 전류는 곧 파동에 의한 에너지의 흐름이고 이것이 곧 진동이기 때문이다.

구토증세가 일어나는 이유는, 위장과 심장의 전류가 하나로 연결되어 위가 놀랐기 때문이다. 졸음이 쏟아지는 이유는, 호흡을 통해 몸에 산소가 유입되어 뇌가 이완되었기 때문이다. 우리의 뇌에서 소비되는 산소의 양은 몸의 20%인데, 평소 흡연이나 스트레스 등으로 뇌의 산소가 턱없이 부족했던 상태라면 현기증이 일어나고 두통이 생길 수도 있다. 이런 경우엔 잠시 쉬거나 찬물로 세수를 하면 괜찮아진다.

🐾 명상으로 호흡이 깊어져도 느끼는 것들

가슴에서 빛이 환하게 퍼지거나 눈앞이 환해지고 혹은 반대로 눈앞이 깜깜해지는 경우도 있다. 때론 몸이 땅 밑으로 쑥 꺼지는 듯한 느낌, 공중부양을 한 듯 하늘로 붕 뜨는 듯한 느낌, 몸이 모래알처럼 가볍고 작아지는 듯한 느낌 등 다양한 체험이 일어날 수 있다. 이는 명상을 하다 보면 누구나 느끼는 것들이다. 우리가 심장과 뇌의 파동을 일치시켰을 때, 즉 호흡이 깊어졌을 때 일어나는 자연스러운 현상이니 두려워할 필요는 없다.

교감을 할 때 느껴지는 몸의 변화, 마음의 변화 등을 일일이 기록하면서 그 변화들이 동물 교감에 어떤 영향을 미치는지 상세하게 들여다보자. 그러다 보면 교감을 원할 때마다 자유자재로 몸과 마음을 교감상태로 만들 수 있게 된다.

🐾 Tip

강렬한 진동, 투감일까? 몸의 이상반응일까?

심장에 집중했는데 몸에 격렬한 진동이 일어난다고 해서 반드시 심장에 전류가 모아지면서 일어나는 반응은 아니다. 카페의 한 회원 역시 다른 반려자의 사진과 교감 도중 몸 전체가 부르르 떨리는 반응이 일어났다.

"갑자기 몸 전체가 바들바들 떨리는데, 기분이 좀 이상하더라구요."
"아프던가요?"
"네, 고통스러웠어요."
"그렇다면 사진 속 동물이 경련증을 앓고 있을 수 있어요. 동물의 반려자와 통화해보세요."

잠시 후, 회원이 내게 전화를 걸어 말하길, 실제로 교감했던 동물에게 경련증이 있는 게 맞았다고 했다. 이때 두 가지를 구분하는 포인트는 진동이 올 때 함께 느껴지는 감정이 어떤 건지 살피는 것이다. 단순한 심장의 진동이라면 고통스럽다거나 아프다는 느낌이 들 리 없기 때문이다.

부정맥이라면 교감을 중지할 것

심장의 전류는 항상 순차적으로 '1-2-3-4-5-6-7-8'로 흐르는 게 정상이다. 그런데 간혹 '1-2, 5-3-5-8'처럼 일정치 못하게 흐르는 경우가 있는데, 이런 경우엔 부정맥을 의심해볼 만하다. 부정맥은 심장에서 전기 자극이 잘 만들어지지 못하거나, 자극의 전달이 제대로 안 될 경우, 규칙적인 수축이 이루어지지 않아 심장 박동이 비정상적으로 빨라지거나 늦어지거나 혹은 불규칙해지는 것을 말한다.

초보자의 경우 대게 일시적인 현상일 수 있으니, 이럴 땐 냉수 세안을 해주면 좋다. 그런데 만일 지속적으로 이런 현상이 일어난다면 건강에 문제가 있다고 보아야 한다. 이럴 땐 교감 연습을 중지하고 전문의와 상담해보길 권한다.

또 다른 교감법들

실제로 나도 그렇고 회원들도 그렇고 심장에 집중하는 교감법이 훨씬 쉽게 교감 상태에 이르게 된다고들 말한다. 무엇보다 쉽기 때문이다. 그런데 간혹 다른 교감법이 더 잘 맞는다고 하는 이들도 있다. 우선 교감의 종류부터 살펴보자면 다음과 같이 세 가지인데, 동물 교감은 주로 1번과 2번을 사용한다. 지금까지 소개한 심장 집중법은 1번 교감법이다.

1. 텔레파시 커뮤니케이션(Telepathy Communication)
방법: 직접 동물과 맞대면한 상태에서 집중하여 송·수신하는 교감
확률: 80% 전후

장점: 시간, 장소에 구애받지 않으며 언제든지 시도할 수 있다.

단점: 깨어있는 상태이므로 어쩔 수 없이 이성이 개입되어 정확도가 떨어진다.

2. 트랜스 커뮤니케이션(Trance Communication)

방법: 수면 중에 송·수신하는 교감

확률: 90% 전후

장점: 비교적 정확하다. 단, 해석을 잘 해야 한다.

단점: 잠을 자야 하므로 장소와 시간에 구애를 받기 마련이다.

3. 오토 라이팅 커뮤니케이션(Auto Writing Communication)

방법: 호흡을 통한 명상법으로, 교감자가 제3의 대상으로부터 메시지를 받아 종이에 받아쓰는 등의 일방적인 교감

확률: 70% 전후(또는 50%)

장점: 아주 빠른 시간 내에 교감을 끝낼 수 있다. 펜과 메모지만 있으면 단숨에 메모할 수 있다.

단점: 꼭 사전에 필기도구를 준비하고 있어야 하고, 정확도도 그리 높지 않다. 교감의 결과 역시 그때 그때 다를 수 있다.

🐾 이미지를 상상하라

텔레파시 커뮤니케이션으로 심장 집중법 말고 다른 방법이 더 잘

된다는 사람들도 있다. 이 교감법은 내가 처음에 썼던 방법인데 좀 복잡하다. 그렇지만 만일 이 방법이 자신에게 잘 맞는다면, 이 방법으로 연습해보자. 호흡과 함께 이미지를 상상하는 방법이다.

1. 10분 동안 편안하게 코로 들이마시고 내쉬며 호흡한다.
2. 동물을 보고 1분 동안 관찰한다. (특정 부위나 특징 등 한 부분만 정확히 기억해둔다.)
3. 눈을 감고, 눈동자의 위치는 45도 각도로 1m 상공을 바라보며, 1분 동안 동물에 대해 기억했던 특징을 머릿속으로 이미지화한다.
4. 동물과 2분 동안 인사를 나눈다.
5. 5분 동안 편안하게 호흡하고 있으면 동물의 말이 전달된다.
6. 최대한 빨리 적는다.
7. 1분 동안 동물과 인사 후 채널차단을 한다.

🐾 풀숲에 숨어버린 아롱이 찾기 작전

어느 날 전화 한 통을 받았다. 밤늦은 시각이었다.
"제 토끼 아롱이를 잃어버렸어요. 같이 산책 나갔는데, 그만 풀숲으로 들어가더니 돌아오지 않아요. 교감으로 찾아주세요."
몇 시간 동안 아롱이를 잡기 위해 풀숲에서 진땀을 흘리다 지칠 대로 지친 반려자는 거의 울먹이고 있었다. 원래 동물은 아무리 반려자를 사랑해도, 야생으로 나가면 도망가려는 본래 습성이 되살아난다.

그러니 반려자가 잡으려 다가가도, 눈만 빠끔히 뜨고 반려자를 바라볼 뿐 풀숲에 숨어 도망 다니는 것이다. 어제까지만 해도 품에 안겨 있던 토끼가 눈앞에서 도망 다니니, 반려자 입장에선 당황스럽고 더 허둥댈 수밖에 없다.

"우선 진정하시고, 아무래도 제가 교감하는 것보다 반려자분이 직접 현장에서 교감을 시도하는 게 빠를 것 같습니다."

"네? 전 한 번도 그런 걸 해본 적이 없어요."

나는 전화상으로 반려자를 진정시키며, 교감을 시도할 수 있도록 도와주기로 했다.

"우선 아롱이한테 다가가지 마시고, 그 자리에서 차분히 기다리는 게 좋습니다. 다가갈수록 도망칠 테니까요. 지금부터 10분 정도 호흡을 하세요. 들숨, 날숨을 하면서 호흡을 차분하게 하세요. 자, 시작하는 겁니다."

하지만 10분이 지나도, 반려자의 불규칙한 호흡은 쉬이 가라앉질 않았다. 야심한 밤이었고, 아롱이가 더 깊은 숲 안쪽으로 도망간다면 영영 찾지 못할 수도 있을 거란 두려움 때문에 그랬을 것이다.

30분 정도 지난 뒤, 반려자의 목소리에서 평정심이 느껴졌다.

"좀 어떠세요?"

"네, 호흡이 고르게 느껴져요. 마음이 편안해요."

"좋습니다. 이제 눈을 감고, 머릿속으로 토끼가 반려자님을 따라오는 상상을 하세요. 다른 생각은 마시고, 오직 그 상상만 하는 겁니다."

바로 '결과 사념하기'다. 반려자는 내가 말한 대로 이미지를 그려 토끼에게 보냈다. 3분 정도가 흘렀다.

"어머, 우리 아롱이가 저한테 왔어요. 정말 신기하네요."

반려자는 교감을 처음 시도해봤지만, 반려동물을 찾고자 하는 간절한 마음으로 호흡 고르기를 시도했고, 이미지 상상법으로 토끼를 품에 안을 수 있었다.

🐾 하늘로 가기 전, 레인이와의 교감

언젠가 강아지 레인이의 반려자로부터 전화를 받은 적이 있다.

"우리 레인이가 악성종양으로 너무 힘들어하고 있어요. 병원에선 더 이상의 치료는 어렵대요."

"레인이의 생각을 듣고 싶으신 거죠?"

"네, 선생님. 저는 지금까지 레인이랑 단 한 번도 대화를 해보지 못했어요. 어쩌면 이것이 처음이자 마지막일지도 모르겠지만……, 제가 직접 교감을 해보고 싶은데 가능할까요?"

반려자인 레인이 엄마의 절절한 간절함이 고스란히 전해졌다. 교감법을 떠나서 진심으로 무언가를 간절하게 원하면 온 우주가 그 소원을 들어주기 위해 들썩인다 하질 않던가. 레인이 엄마는 지금까지 레인이와 몇 번의 교감을 시도해보았지만 잘 되지 않았다고 했다. 모든 게 잡념인 것 같아, 하다가 포기하길 여러 차례였다며 길게 한숨을 내쉬었다.

"이번엔 꼭 될 겁니다. 지금의 그 마음이라면 반드시요."

나는 그녀에게 힘주어 말해주었다. 그동안 레인이 엄마가 주로 쓰는 교감법은 이미지 상상법이었는데, 호흡을 10분 정도 하다 보면 어느새 잠이 들어버리곤 했단다. 요즘 들어 직장일이 너무 고돼, 자리에 눕기만 해도 바로 곯아떨어진다는 거였다. 그런데 레인이 엄마처럼 호흡하자마자 바로 잠에 빠지는 경우엔 1분 정도만 차분히 호흡해도 무방하다. 나는 레인이 엄마에게 1분만 호흡을 해보라고 말해주었고, 며칠 후, 그녀의 전화를 다시 받았다.

"선생님, 호흡을 1분 정도만 했는데, 여전히 레인이에게 받은 메시지가 없어요."

당연하다. 실제로 호흡이 끝난 직후에 동물을 떠올리면서 5분가량 차분히 기다릴 때 동물의 메시지를 받을 수 있기 때문이다.

"레인아, 너의 고통을 빨리 덜어주고 싶구나. 어떤 게 너를 위한 길인지 말해주렴. 엄마는 너의 뜻을 따를 준비가 되어 있단다."

이렇게 질문 후, 5분 정도 온몸에 힘을 쭉 뺀 후 그냥 차분히 기다리고 있어야 한다. 레인이 엄마는 다시 해보겠노라 말하고 전화를 끊었다. 며칠 뒤 다시 그녀의 전화를 받았고, 그녀는 몹시 흐느끼고 있었다.

"레인이가 우리 가족 품을 떠났어요. 그리고 '사랑하는 가족이 있는 집에서 잠들게 해줘서 고마워요. 엄마, 앞으로도 그리울 거예요'

🐾 Tip

호흡을 10분 동안 하는 이유

호흡을 하는 건 뇌파를 안정시키기 위해서인데, 평소 머리를 많이 쓰는 일반인들은 쉽게 뇌파가 지구 공명파(7.83Hz~12Hz정도)인 알파파와 세타파 사이로 떨어지지 않기 때문에, 호흡을 10분 정도 하는 게 좋다.

뇌파의 종류

델타: 0.1~3Hz, 깊은 수면 상태(평상시에 델타파가 높다면 도리어 지나친 스트레스를 받고 있는 것이다)

세타: 4~7Hz, 수면 상태 혹은 가수면 상태(심리 안정, 깊은 의식, 기억력, 창의력, 자기 조절, 명상)

알파: 8~12Hz, 휴식 상태(심리 안정, 깊은 의식, 기억력, 창의력, 자기 조절, 명상)

저베타: 13~20Hz, 활동 상태(집중)

고베타: 21~30Hz, 활동 상태(스트레스)

라고 말했어요."

그녀는 정확하게 레인이의 목소리를 투청했고, 투감으로 레인이의 그리운 마음을 진하게 느꼈다고 말했다. 너무도 사랑하는 레인이와의 처음이자 마지막 교감이었던 것이다.

🐾 트랜스 커뮤니케이션이란?

트랜스 커뮤니케이션은 졸릴 때 시도할 수 있는 교감법으로, 밤에 잠들기 전에 해도 좋고, 낮에 잠시 쪽잠을 잘 때도 가능하다. 동물에게 궁금한 것을 물어보고 잠이 들면, 꿈속에서 동물의 메시지를 받을 수 있다. 꿈 해몽에 관한 다양한 이야기들이 있지만, 교감법은 이와는 관계가 없다. 동물 교감에서의 꿈 해석은 본 이미지에 대해 평소 자신이 갖고 있는 느낌을 오감에 준하여 충분히 적어보는 것이 포인트이다. 이는 교감을 한 번도 해본 적 없는 초보자들이 손쉽게 할 수 있는 교감법이다.

1. 검정색 펜과 흰 종이를 준비해 머리맡에 둔다.
2. 불을 끄고 자리에 눕는다.
3. 약 1분간, 동물에게 하고 싶은 질문을 한 개만 한다.
4. 잠을 잔다.
5. 꿈꿨던 내용을 모두, 최대한 상세히, 빠르게 메모한다.

꿈에서 깬 뒤, 미리 머리맡에 준비해둔 펜과 메모지로 꿈에서 보았던 것을 적고 그에 대해 자신이 갖고 있는 촉감, 후각, 청각, 미각을 함께 적어본다. 예를 들어, 잠들기 전에 동물에게 "지금 어디 있어?"라고 질문했는데 꿈에 동굴이 나왔다면, 동굴에 대해 스스로 생각하는 느낌을 다음과 같이 적는다.

동굴(시각)
울림(청각)
무미(미각)
돌과 흙의 냄새(후각)
차가움(촉각)

자, 이제 이 중에서 동굴의 이미지를 과감히 삭제해버리자. 역시나 대부분 시각에 의존해 살아온 우리의 뇌가 시각에만 집중하지 않도록 그것의 이미지를 지우는 것이다. 그래야 동물의 메시지를 제대로 알 수 있으니까.

"저는 지금 어둡고 꽉 막힌 곳에 있어요. 이곳은 돌과 흙냄새가 나는 차가운 곳이구요. 소리를 내면 막 울려요."

🐾 무와 칫솔은 바로 동동이의 이빨

귀엽고 앙증맞은 고슴도치 동동이를 키우는 동동이 엄마는 나의 단골 고객이다. 교감 실력 역시 일취월장하여 동동이로부터 다양한 메시지를 받곤 하는데, 얼마 전 트랜스 커뮤니케이션을 통해 동동이의 이빨이 부러진 걸 발견하고 매우 놀라워했다.

동동이 엄마는 꿈에서 여러 가지 이미지를 보았다. 첫째, 칫솔들이 칫솔 통에 빽빽이 담겨있는 장면, 둘째, 두루마리 화장지를 뜯다가 화장지 한 칸이 반으로 쭉 찢어지는 장면, 셋째, 하얀 무.

"무에 대한 동동이 엄마의 느낌은 뭔가요?"

"시원하고, 달콤하고 쌉쌀한 것? 색은 하얗구요."

"화장지가 쭉 찢어질 때의 느낌은 어땠어요?"

"불길했죠."

"자, 그럼 꿈에서 본 것들, 그러니까 시각적인 건 지워봅시다. 그럼 뭐가 남죠?"

"빽빽하고 하얀데, 가운데 것이 톡 부러졌다. 시원하고 달콤쌉쌀한 것들……. 아, 이빨이네요. 시원하고 달콤쌉쌀한 것들을 씹을 수 있는 이빨인데, 그 중 하나가 부러졌나봐요. 동동이 이빨을 확인해봐야겠어요."

고슴도치는 워낙 작아서 아주 세심하게 관찰하지 않으면 이빨을 잘 볼 수가 없다. 동동이 엄마는 즉시 동동이의 입을 벌려 자세히 들여다보았는데, 실제로 가운데 이빨 하나가 톡 부러져있는 걸 확인할 수 있었다. 그리고는 곧장 동동이와 함께 병원으로 달려갔다.

🐾 꿈을 꿀 때까지 계속 시도하라

어느 날 복실이라는 강아지의 반려자에게서 연락이 왔다. 복실이 엄마는 머뭇거리며 입을 열었다.

"복실이랑 말을 해보고 싶은데, 교감법을 배운 적도 없고, 평소에도 좀 둔감한 편이라서……."

"왜 복실이랑 대화를 하고 싶으세요?"

"전 제 아이 복실이를 너무 사랑하는데, 이게 과연 저만의 사랑이 아닐까, 하는 생각을 하거든요. 혹시 복실이는 다른 생각을 하고 있는 게 아닐지 늘 궁금했어요."

복실이 엄마는 동물 교감이 왜 필요한지에 대해 정확히 알고 있는 듯 했다. 바로 동물이 필요로 하는 사랑을 하고 싶었던 것이다. 적어도 먹고 싶은 것만이라도 복실이가 진짜 원하는 것을 주고 싶다는 말을 하면서.

"전 그래도 많이 신경 쓴다고 쓰는데, 요즘 제가 주는 음식을 잘 안 먹어요."

나는 단 한 번도 동물 교감을 시도해본 적 없는 복실이 엄마에게 수면 교감법을 설명해주었고, 이내 목소리가 밝아졌다.

"네, 꼭 해볼게요. 그리고 다시 전화 드릴게요."

전화를 끊고 나서, 과연 그들이 교감을 잘 했는지 궁금해지기 시작했다. 그런데 일주일이 지나도 복실이 엄마로부터 전화가 걸려오지 않았다. 그래서 결국 내가 먼저 전화를 걸었다.

"왜 전화를 안 주셨어요?"

"그게……, 꿈을 못 꿨어요. 살짝 무언가 보인 것 같긴 한데, 기억이 잘 안나요."

누구나 처음엔 그럴 수 있다. 하지만 문제는 포기하지 않고 반복하다 보면 반드시 꿈을 꾼다는 것이다. 그 사실을 믿고 다시 해보려는 마음가짐 역시 교감에 꼭 필요한 근성이다. 결국, 며칠 후 복실이 엄마는 꿈을 꾸었다며 전화로 알려주었다.

"꿈을 꾸긴 했는데, 제가 질문한 것과는 상관없는, 전혀 엉뚱한 꿈이에요."

"괜찮습니다. 그 꿈을 상세히 말씀해주세요."

"제가 꿈에서 바닷가를 거닐고 있었어요."

"복실이 엄마에게 그 바다가 주는 느낌은 어떤 건가요?"

"아주 시원한 느낌이요."

"들려온 소리가 있어요?"

"밀려오는 파도 소리?"

"좋습니다. 개인적으로 바다, 하면 어떤 맛이 떠오르세요?"

"짠맛이죠."

"바다의 냄새는요?"

"생선 비린내부터 떠올라요."

순간적으로 나는 슬며시 미소를 지었다. 그리고 재차 물었다.

"바다를 만지면 어떤 느낌이 들까요?"

"모래사장이 있으니까 아주 부드러운 느낌이죠."

"좀더 구체적으로 말씀해주신다면?"

"설레고, 두근거리고, 꼭 가보고 싶은 그런 곳이요."

복실이는 엄마와 제대로 교감이 된 것이다. 복실이가 엄마에게 보낸 메시지는 무엇일까? 바로 '차갑고 비리면서 짭짤한, 그러면서도 부드러운 음식'이다. 그걸 먹으면 무척 설렐 것 같다고 엄마에게 말해준 것이다.

이처럼 처음엔 아무 것도 보이지 않더라도 계속 꿈을 꿔보자. 그리고 꿈에서 본 것에 대한 느낌들을 놓치지 말고, 오감 모두 세세하게 적어보자. 실제로 복실이 엄마는 복실이에게 비린내가 강하고 짭조름한 참치 캔을 저온에 보관해두었다가 주었고, 복실이는 이를 너무나 맛있게 먹었다고 한다.

"예전에도 이 캔을 준 적은 있지만 먹지 않았거든요. 생각해보니 차게 해서 주질 않았어요. 그런데 이번엔 너무 좋아하더라구요."

'차디찬'이란 촉감까지 반영하지 않았다면, 이번에도 복실이는 먹지 않을 게 분명했다. 물론 개들은 염분을 소화하는 능력이 부족하므로, 이렇게 짠 음식을 자주 줘서는 곤란하다. 아주 가끔, 맛만 보여주는 정도가 복실이의 건강을 위해 좋다. 그렇게만 해도 복실이는 엄마에게 무척 고마워할 것이다. 동물들도 짠 걸 많이 먹으면 자기 몸이 상한다는 걸 잘 알고 있기 때문이다.

🐾 강아지 딸기가 원하는 건 잘생긴 배우?

씩씩한 강아지 딸기를 키우는 딸기 엄마. 어느 날 딸기에게 맛있는 간식을 주고 싶은 마음에 "딸기야, 뭐가 먹고 싶어?"라고 질문한 후,

잠을 잤다. 그리곤 화들짝 놀라 나에게 전화를 걸었다. "꿈에 연예인 조인성 씨가 나왔어요. 도대체 딸기랑 조인성 씨가 무슨 연관이 있을까요?"

"딸기 엄마에게 조인성 씨는 어떤 사람인지 오감에 충실해 말씀해 보세요."

딸기 엄마는 살짝 쑥스러워하면서 내게 다음과 같은 내용을 말해 주었다.

조인성(시각, 키가 크고 미소가 부드러운 남자)
○○스테이크 광고(미각)
아싹한 과일(후각)
설레는 느낌(촉감)

여기서 시각을 삭제하면, "스테이크와 아싹한 과일, 크고 부드러운, 설레는 느낌"이 된다. 결국 딸기는 엄마에게 이렇게 말한 것과 똑같다.

"엄마, 저는요. 스테이크랑 큼직하고 부드러우면서 씹을 때 아싹한 과일을 먹으면 무지 설렐 것 같아요. 히히."

그런데 왜 하필 조인성 씨가 꿈에 보였을까? 사람들이 사물과 사람에 대해 느끼는 바는 주관적이다. 그러므로 같은 스테이크라고 해도 딸기 엄마에겐 조인성 이미지로 전달될 수 있고, 다른 사람에겐 다른 이미지로 전달될 수 있다. 딸기 엄마의 경우엔 평소 조인성 씨의 팬이었으며, 특히 그가 나온 TV 광고가 머릿속에 강하게 남아있었다.

이처럼 트랜스 커뮤니케이션을 통해 본 이미지에 대한 느낌들을 충분히 떠올리면, 동물이 내게 건네는 말이 무엇인지 충분히 들을 수 있다. 평소에 뇌파가 불안정하고 호흡이 불규칙한 사람들도, 수면 중에는 호흡과 뇌파가 안정이 되는 법이다. 이 때문에 호흡이 쉽지 않은 초보자들이 손쉽게 교감할 수 있는 방법이 바로 수면 교감법, 즉 트랜스 커뮤니케이션이다.

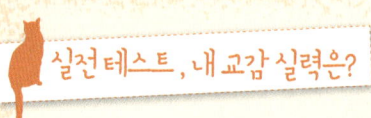

테스트 1 _ 개

1. 루비가 가장 좋아하는 사람의 성별은 뭘까요?
2. 루비의 가족 구성원 수는 어떻게 될까요?
3. 루비는 "앉아, 엎드려, 기다려" 등의 훈련이 가능한 동물일까요?
4. 루비는 다른 견을 좋아할까요?
5. 루비는 공놀이를 좋아할까요?

테스트 2 _ 고양이

1. 남이는 다른 동물과 함께 살고 있나요?
2. 남이가 다른 동물과 살고 있다면 그 동물의 종류를 알아보세요?
3. 남이는 현재 누구와 살고 있나요?
4. 남이는 출산을 한 적이 있나요?
5. 남이가 출산을 했다면 몇 마리를 출산했나요?

답

테스트 1
1. 여 2. 엄마, 아빠, 둘째니, 오빠 3. 네 4. 장애인입니다 5. 네

테스트 2
1. 네 2. 강아지, 고양이 3. 엄마 4. 네 5. 한 마리

애니멀커뮤니케이터가 되고 싶은 이들에게

"애니멀커뮤니케이터가 되려면 어떻게 해야 하나요?"
"선생님은 어떻게 애니멀커뮤니케이터가 되셨어요?"
내가 가장 많이 받는 질문들이다. 어떻게 하다 동물과 이야기를 할 수 있는 능력을 갖게 되었느냐는 것이다. 특히 향후 진로로 동물 교감사를 진지하게 생각하는 수험생들도 꽤 있다. 동물 교감사가 하나의 직업으로서 가치를 지닐 수 있을까? 활동을 하려면 어떤 자질을 갖추어야 할까?

🐾 야생의 동식물을 관찰하라

1부에서 언급했다시피, 나는 어릴 때부터 자연스럽게 동물과 함께 어울리는 생활을 했다. 시골에서 자랐기 때문이다. 동물 농장 버금가는 시골집에서 동물들과 어울려 지내다 보니, 동물의 눈빛만 보아도 무슨 생각을 하는지 감이라는 게 생겼다. 물론 요즘은 여간해선 이런 환경 속에서 살기 쉽지 않다. 아주 깡시골이 아닌 이상, 예전에 볼 수 있었던 동물들을 보기 어렵다. 그 흔했던 물뱀도, 개구리도 쉬이 보이지 않는다. 자연이 파괴될 대로 파괴되었단 뜻이다.

너무 당연한 대답일지는 모르겠으나, 애니멀커뮤니케이터가 되고 싶다면 가장 먼저 자연과 환경에 대한 관심과 사랑이 있어야 한다. 교란된 생태계의 평형에 대한 자각이 우선이다. 교감은 꼭 반려동물과만 되는 게 아니다. 식물뿐 아니라 양서류 등과의 교감도 가능하다. 실제로 나의 고객 중에는 식물과 교감을 하는 이들도 있는데, 이유는 한 가지이다. 오랫동안 식물을 가꾸고 키워오면서 식물에 대한 애정이 각별해졌기 때문이다. 결국 식물에 대한 사랑이 절로 교감 능력을 키운 것이다. 제인 구달 역시 따로 교감법에 대해 연구하지 않았지만, 야생에서 침팬지와 살다시피 했기 때문에 저절로 그들의 마음을 아는 것처럼 말이다. 그러니 아직 자연이 살아있는 야생에 나가 개구리, 올챙이, 그리고 각종 들꽃을 관찰해보자. 사람에 의해 길들여진 동물들의 목소리보다 훨씬 더 생생한 그들의 목소리를 들을 수 있다.

모쪼록 자주 접하고 관심과 애정을 품는 것, 그것이 바로 교감의 첫 시작이다. 자연에 대해 특별한 애정이 있는 종을 선택한다면 교

감이 잘 될 확률은 더없이 크다. 그들이 원하는 것, 그것이 곧 자연이 원하는 것 아닐까? 사람들이 더 많이 그들에게 귀 기울일수록 공생의 길은 더 가까워질 것이다.

🐾 교감 실력에 대해 조급해하지 않는다

동물 교감은 누구나 가능하지만, 정확하게 교감하는 일이 쉽지는 않다. 나 역시 지금도 꾸준히 훈련하고 정확도를 더 높이기 위해 노력하고 있다. 처음 교감을 시작했을 때는, 하나의 답을 얻는 데 무려 한 달씩이나 걸렸다. 방송 출연을 하게 된 이후엔 카메라 앞에서도 크게 개의치 않고 교감을 하지만, 그 전에는 바람 소리 하나 새들어 오지 않는 조용한 곳이 아니면 잘 되질 않았다.

탁월한 동물 교감사가 되고 싶다면, 오랜 기간 꾸준히 교감 훈련을 할 각오를 해야 한다. 감각이란, 아무리 타고난 사람이라 해도 갈고 닦지 않으면 퇴화되기 마련이다. 이미 저명한 애니멀커뮤니케이터들도 교감 훈련을 게을리 하지 않는다는 점에서 모두 공통적이다. 아멜리아 킨케이드가 한 말 중 무척 인상 깊었던 말이 있다.

"가장 긴 여행은 머리에서 가슴까지입니다. 하지만 나는 쉽게 백기를 들지 않아요."

우리는 매순간 의식의 지배를 받고 정보의 홍수 속에서 살아간다. 동물 교감은 어떻게 보면 그에 역행하는 일이다. 언어 이전의 감각을 깨워야 하는 일이기 때문이다. 동물들과 대화하면서 수시로 메모하는 버릇을 일상화해야 한다. 0.1~2초 사이에 훅 하고 스쳐지나가는 감각들을 정확하게 잡아내지 않으면, 그들의 마음을 반려자에게 제대로 전달하기가 쉽지 않다. 통역을 잘못하면 어떤 일이 일어날까? 도리어 반려자와 반려동물 사이에 갈등의 골이 더 깊어질 수도 있다. 동물의 아픈 곳을 제대로 투감하지 못해 치료할 시기를 놓쳐버린다면 그건 더 큰 문제이다.

교감을 위한 여행을 떠나기로 결심했다면, 집요하게 물고 늘어질 일이다.

🐾 반려자와의 교감능력도 중요하다

반려동물의 이야기를 들어준다는 것은, 반려자만을 위한 일도, 반려동물만을 위한 일도 아니다. 그 둘의 커뮤니케이션을 위한 교량 역할, 그것이 바로 동물 교감사가 할 일이다. 그러기 위해서는 동물과의 교감뿐 아니라 반려자와의 교감도 중요하다. 동물 교감사가 혼자서 다 할 수는 없다. 반려자와 함께 문제를 해결하는 과정이라고 보는 게 더 정확하다. 동물이 보내주는 이미지를 완벽하게 이해하기 위해서는 시간도 오래 걸릴 뿐 아니라, 교감사의 해석이 100% 확실하다고 장담할 수도 없는 일이다. 혼자서 동물의 생각을 척척 읽어내는 정도가 동물 교감사의 능력을 말해주는 절대적인 잣대는 아닐 것이다. 나 역시 반려자와의 대화를 통해 해결의 실마리를 찾아가는 경우가 많다.

"콩이가 밀가루의 이미지를 자꾸 제게 보내오는데, 혹시 최근에 댁에서 밀가루를 사용하신 적 있으세요?"

"글쎄요. 그런 적 없는 것 같은데……."

"다시 잘 생각해보시겠어요? 재차 시도해보아도, 밀가루 이미지 같거든요."

"아, 맞다. 며칠 전 아침에 엄마가 전을 부치셨는데……."

"아, 네. 뭔지 알 것 같아요. 그 전 부칠 때의 고소한 냄새가 좋았다고 말하고 있네요."

그러므로 동물 교감사에게는 반려자의 이야기를 충분히 들어주는 능력이 필요하다. 성격이 급해 반려자가 생각하는 시간을 기다려주지 못하거나, 반려자의 말을 끊고 중간에 다른 말을 하는 것은 바람직하지 않다. 나는 내가 상담한 내용을 모두 녹음파일로 저장해, 다시 듣고 내 문제점들을 체크한 후, 하나씩 고쳐나갔다.

반려동물을 키우는 반려자들이 많아지면서, 동물 교감에 대한 의뢰가 점점 늘고 있다. 나는 그들에게 간단한 교감법을 알려주는데, 많은 이들이 직접 동물과 대화를 하다 보면, 다른 동물들의 이야기도 듣고 싶은 마음이 생긴다고 했다. 외국에는 이미 100여전 전부터 애니멀커뮤니케이터협회가 개설되어 활발한 활동이 이루어지고 있지만, 국내는 전무한 실정이다. 그래서 나는 동물 교감사와 그들을 양성하고 교육시키는 강사 자격증을 준비했고, 최근에 애니멀 커뮤니케이터 1, 2급 자격증이 등록되었다.

동물 교감을 전문적으로 하고 싶다면, 교육과정을 거치고 꽤 까다로운 시험을 치러야 한다. 하지만 이건 어디까지나 테스트일 뿐이다. 그보다는 동물에 대한 지속적인 관심과 사랑, 다른 사람의 마음을 헤아릴 줄 아는 배려심, 그리고 자연에 대한 경외심이 먼저일 것이다.

#04
동물을 살리는 일은,
지구를 살리는 일입니다

100% 비건이 되지 않아도 좋다

최근 동물애호가로서, 유기동물 구명 운동가로서 활발히 활동하고 있는 소셜테이너가 있다. 바로 가수 이효리 씨다. 그녀는 동물 보호에 관심을 가지면서부터 가장 존경하는 인물로 세계적인 동물학자인 제인 구달을 꼽았다. 그런 그녀가 지난 2011년 패션 매거진 〈싱글즈〉와 함께 미국의 시애틀로 가 제인 구달을 만났다. 그녀가 가슴 속 멘토로 삼은 제인 구달에게 가장 궁금했던 건 무엇이었을까?

"동물을 보호하자 해놓고, 공식석상에 가죽옷을 입고 나갔다가 언론으로부터 뭇매를 맞았어요. 그때 제가 참 모순적이라는 생각을 했어요."

이런 그녀의 고민에 제인 구달은 "누구나 하루아침에 모든 걸 바꿀 수 없다. 지금 할 수 있는 일을 하는 게 가장 중요하다"라고 말하며 그녀를 위로하고 격려해주었다.

나 역시 그녀의 말이 정답이라고 생각한다. 상담을 하다 보면 자신이 동물을 사랑하면서 육식을 끊지 못하는 딜레마에 빠졌다며 괴로워하는 고객들이 많다. 하지만 어떻게 모든 걸 한꺼번에 바꿀 수 있겠는가? 전 세계인 모두가 육식을 무조건 반대하는 채식주의자, 비건Vegan이 되고, 모피와 가죽상품을 일제히 불매하는 건 현실적으로 불가능한 일이다. 하지만 조금씩 줄여갈 수는 있을 것이다.

🐾 육식 소비량을 조절하면 좋은 점

고기를 먹되 먹을 양만 주문하기. 이것이 내가 가장 중요하게 생각하는 것이다. 고깃집에 가서 2인분만 주문해도 될 걸 굳이 3인분 이상을 시켜 남기는 것은 옳지 않다고 본다. 우리가 무분별하게 남기는 몫까지, 동물들이 불필요하게 도축되어야 하기 때문이다. 소 한 마리를 도축할 때 우리가 생각해야 할 것은, 우선 지구 환경문제이다. 도축할 때 발생하는 이산화탄소와 메탄가스, 아산화질소 등 다량의 온실가스가 지구온난화의 원인이 되고 있기 때문이다. 덴마크 정부의 발표에 따르면 소 한 마리가 연간 배출하는 온실가스량이 무려 4톤이라고 한다. 이는 승용차 한 대가 내뿜는 양의 1.5배이니 결코 무시할 수 없는 양이다. 소를 키우는 농가마다 방귀세를 매기고 있는 나라도 있다.

그런데 사실 과한 육류 소비량으로 인해 가장 문제되는 것은 윤리적으로나 건강적인 측면에서의 여러 가지 부작용이다. 육류 소비량이 늘어날수록 가축을 기르는 환경은 비윤리적이 될 수밖에 없다. 자연스럽게 방목하는 것으로는 늘어나는 소비량을 감당할 수 없으니, 과도한 공장식 축산 형태가 늘어나게 되는 것이다.

본래 닭의 평균 수명은 일곱 살이라고 한다. 하지만 실상은 A4 용지 한 장만 한 크기의 닭장 안에서 비정상적인 성장을 유도하는 유전자조작 사료를 먹으며 기계적으로 알을 낳고 몇 달 만에 폐사된다. 심지어 그들이 먹는 사료에서 항생제가 검출되기도 하는데 이것들이 그대로 사람의 몸에 흡수되는 것에 대한 경고는 이미 오래전부터 있어왔다. 돼지 역시 마찬가지다. 겨우 한 몸 누울 수 있는 공간에서 자라 약해질 대로 약해진 면역력을 지닌 채 항생제에 연명하다 도축당한다. 게다가 얼마 전 전 세계적으로 양돈 농가에서 돼지에게 행해진 폭행 논란은 우리를 경악케 했다. 그야말로 몽둥이나 삽으로 맞아 죽는 수준이었다.

항생제, 성장호르몬 촉진제의 남용뿐 아니라 이런 열악한 상황에서 받는 스트레스와 고통까지 우리 몸으로 흡수된다면, 과연 육류가 우리의 건강에 도움이 된다고 할 수 있을까? 우리가 섭취해야 할 것은 양질의 단백질이지, 항생제와 스트레스 호르몬으로 범벅된 고깃덩어리는 아니지 않은가.

　구제역과 조류 독감 문제 역시 이런 밀식 사육이 빚어낸 재앙이다. 결국 이들을 대량 도축 후 땅에 묻는 행위는 고스란히 토양과 수질을 오염시키고, 그곳에서 자란 식물을 먹는 사람은 결국 또 몸을 해치게 될 것이다. 우리가 무분별한 육류 섭취에 대한 경각심을 갖는다면, 건강하게 방목한 토종닭과 돼지, 그리고 소고기를 먹을 수 있을 텐데 말이다.

🐾 인디언들이 동물을 대하는 방식처럼

　육식섭취를 위해 대량 사육되는 동물들의 도살 방식도 문제되고 있다. 도살장으로 가는 트럭에 싣는 방법부터가 폭력적인지라, 이미 동물들이 탈골과 상처를 입는 일들이 숱하다. 하물며 도살장의 풍경은 말해 뭐할까.

인디언들은 동물을 사냥하기 전에 꼭 동물에 대한 기도의식을 치렀다고 한다. 활시위를 당기기 전에 동물과 교감을 한 것이다.

"작은 형제여, 너를 죽여야만 해서 미안하다. 지금 우리 아이들이 배가 고파 울고 있단다. 그래서 네 고기가 필요해. 부디 용서해다오."

때로는 자신을 죽이려 달리는 사람을 피해 죽도록 달리는 동물이 스스로 포기할 때까지, 따라 쫓아가는 경우도 있었다고 한다. 또 그들은 최대한 동물이 고통 없이 죽을 수 있는 부위를 공격해 사냥했다. 이를 위해 어릴 때부터 해부학을 공부했다고 한다. 그렇게 동물을 잡아 영양 섭취를 한 후, 동물의 뿔을 나무 위에 매달아두고 지나갈 때마다 경의를 표했다. 기꺼이 자신들을 위해 희생해준 동물들의 영혼에 대한 감사함을 끝까지 잊지 않은 것이다.

지난 2011년에 열린 제4회 광주 디자인 비엔날레에는 보스턴 출신의 미국 동물학자인 테플 그랜딘이 설계한 도살장 도면이 작품으로 출시되었다. 자폐증이었기에 더욱 동물을 잘 이해할 수 있었던 이 동물학자가 고안한 도살장은 인디언들의 사고와 비슷했다. 죽음을 앞둔 소가 최대한 불안감을 느끼지 않고 도살장으로 이동할 수 있도록, 앞이 보이지 않는 좁은 통로를 만드는 등의 예의를 갖춘 것이다.

우리도 동물을 도살할 때 이렇게 최대한의 예의를 갖출 수는 없을까? 그리고 동물을 배려하는 과정을 통해 밥상에 올라온 고기를 먹을 때, 우리 역시 동물에게 감사함을 표현해보는 건 어떨까. "한 국가가 얼마나 위대하며 도덕적으로 진보했는지는 동물을 어떻게 대하는지를 보면 알 수 있다"라고 말한 인도의 위대한 영적 지도자 간디의 말을 떠올리며 말이다.

> **Tip**
>
> **채식을 실천하고 싶다면**
>
> 동물 사랑을 위해 처음부터 무조건 육식을 끊는 게 반드시 옳다고는 생각하지 않는다. 자신의 신념에 따라 기준을 정하고 선택할 일이다. 육식을 제한하는 범위에 따라, 불리는 이름은 다음과 같다.
>
> 경제적 백정: 최소한의 육식론자
> 동물 동무: 반려동물 육식 반대론자
> 비건: 무조건적 육식 반대론자. 오직 채소만 섭취.
>
> 비건 중에는 모피나 가죽옷, 실크 제품을 입지 않고, 꿀을 먹지 않으며, 화장품을 사용할 때 성분을 반드시 확인하는 경우도 있다고 한다. 즉 동물의 기름 등을 사용한 화장품은 절대 쓰지 않는 것이다. 만일 채식을 실천하고 싶다면, 아래의 단계 중 자신이 실천할 수 있는 정도를 따져 선택해보는 건 어떨까.
>
> 세미 베지테리언(Semi-vegetarian): 준채식. 채소를 가장 많이 먹되, 붉은 고기류는 금하고, 닭고기와 생선을 먹는다.
> 페스코 베지테리언(Pesco-vegetarian): 생선 채식. 채소와 생선까지만 먹는다.
> 오보 베지테리언(Ovo-vegetarian): 계란 채식. 채소와 유제품, 계란을 먹는다.
> 락토 베지테리언(Lacto-vegetarian): 우유 채식. 유제품까지만 먹고, 계란은 안 먹는다.
> 비건(Vegan): 완전 채식. 동물성 단백질 섭취 없이, 채소만을 먹는다.
> 푸루테리언(fruitarian): 식물도 생명이 있으므로 줄기나 뿌리를 먹는 것조차 거부하고, 오로지 과일만을 먹는다.

동물 유기와 학대 관련법에 대하여

　동물 학대 이슈는 사실 끊임없이 있어왔다. 반려동물의 의미 자체가 사람과 더불어 사는 동물임에도, 장난삼아 혹은 화풀이 대상으로 무자비한 폭력을 가한 사례들을 접하면 마음이 착잡하다.

　유명 동물 프로그램 〈TV 동물농장〉을 통해 우리에게 알려진 황구 학대 사건은 그야말로 우리를 경악케 했다. 마을 어귀에 묶어둔 황구를 한 남자가 수십 차례 몽둥이질을 했고, 황구는 안구가 돌출될 만큼 끔찍한 부상을 당했다. 이 범인에게 과연 징역형을 내릴 수 있을까?

　지난 2월에 개정된 동물보호법에 의해, 이와 같은 동물학대자는 1년 이하의 징역형 혹은 1천만 원 이하의 벌금을 물게 되었다. 하지만 이

형벌의 경중에 대해서 대부분의 동물애호가들은 너무 가볍다고 말한다. 사실 갖은 폭력과 고문으로 죽음 혹은 죽음의 언저리까지 이르는 동물의 입장에서 생각하면 참으로 소소한 형벌일 것이다. 그나마 이 정도로 동물을 학대하는 이들이 경각심을 가져줬으면 좋겠다. 그리고 이러한 동물보호법을 잘 상기하여, 동물을 학대하는 끔찍한 광경을 목격한다면 즉시 신고했으면 한다.

🐾 동물 유기, 이제 법으로 막는다

동물보호법에서 가장 중요한 사안은 바로 유기동물법이다. 현행 동물보호법상 유기동물이 보호소로 옮겨진 후 10일 안에 새 주인을 만나거나 이전 주인이 되찾으러 오지 않는 경우, 안락사 시킬 수 있다.

보호소에서 마치 자신의 운명을 알고 있는 듯 눈물이 그렁그렁한 채 풀이 죽어 있는 동물들의 사진을 본 적이 있다면, 유기 자체가 얼마나 동물을 아프게 하는 행위임을 알게 될 것이다. 동물 역시 사람과 똑같이 버림받았다는 상실감은 가슴에 큰 상처를 남기기 때문이다. 물론 실수로 반려동물을 잃어버려 발을 동동 구르는 반려자들도 있지만, 유감스럽게도 그보다는 일부러 버린 경우가 훨씬 많다. 경제 살림이 어려워질수록 사료, 미용, 병원비에 대한 부담감이 커지면서 일어나는 일들이다.

하지만 동물을 기르는 것은 동물과 함께 더불어 살고자 하는 일이지, 장난감을 사들이는 일은 아니다. 이 때문에 힘없는 생명을 함부로 버리는 일 역시 법적으로 제제를 가할 필요가 있다. 이미 2009년부터 부분적으로 동물등록제가 실시되었지만, 잘 지켜지지 않았다. 하지만 2013년부터는 모든 반려동물은 의무적으로 해당 동사무소에서 마이크로칩 체내 이식 시술 등을 통해 등록을 해야 한다. 동물을 버릴 경우 부과되는 과태료 역시 50만 원 이하에서 100만 원 이하로 상향 조정되었다.

🐾 등록제 시행 중 꼭 개선되어야 할 것들

그런데 문제는 마이크로칩 시술 비용과 과태료 인상에 부담을 느낀 저소득층의 반려자들이 등록제 이전에 동물들을 유기할 마음을 먹을 수 있다는 것이다. 의무제를 실시하는 건 바람직한 일이지만,

저소득층을 위한 보조금이 지급되어서 이런 불상사는 막았으면 하는 마음이 간절하다.

또 동물의 몸에 심는 칩에 대한 문제점도 제기되고 있다. 동물의 목에 목걸이를 걸거나, 체외에 칩을 부착하는 건, 언제든 제거할 수 있기 때문에 실효성이 없다. 결국 체내에 가로 2.1mm, 세로 12.3mm 크기의 마이크로칩을 심는 방법이 가장 효과적이다. 칩에는 국가코드 번호, 지자체 고유번호 그리고 애완견 등록번호가 들어가는데, 이 정보를 국가 동물등록번호체계 관리시스템이 관리한다.

그런데 칩이 동물 몸에 이식되려면 무엇보다 먼저 안전해야 하는데, 시범사업 결과 벌써부터 동물의 피부와 뇌에 이상이 생긴 사례들이 발생하고 있다. 칩이 동물의 몸 이곳저곳을 돌아다니면서 몸에 종양을 일으키거나 피부질환을 일으킨다는 것인데, 이런 경우 동물이 받을 고통은 말할 나위 없거니와, 다시 칩을 제거하는 수술까지 받아야 한다. 과연 이런 칩 시술을 자신의 동물에게 받게 할 반려자가 어디 있겠는가.

미국의 경우엔 소비자단체들의 반대로 칩 이식 의무 시행을 못하고 있는데, 칩 이식 결과 암이 발생한 고양이나 강아지들이 많았기 때문이다. 그런데 나는 의무제 시행은 불가피하다고 생각한다. 유기되어 불안에 떠는 것으로도 모자라, 안락사되거나 식용을 위해 팔려가 학대당하는 모습을 너무 많이 보아왔기 때문이다.

칩 이식 의무제를 실시하되, 등록 칩 제조와 판매에서부터 엄격한

조사를 거쳐야 하고, 안전성이 검증된 칩만을 지자체가 구매할 수 있도록 정부에서 철저하게 감시하길 바란다.

🐾 반려의 진정한 의미

그런데 동물등록제 시행에 앞서, 우리 모두 다시 한 번 생각해볼 것은, 동물을 기르는 일에 대한 책임이다. 반려란, 마치 부부처럼 인생을 함께 하는 짝이란 뜻인데, 상대방의 의사는 묻지도 않고 짝을 버리는 건 도리가 아니지 않겠는가.

한 번 버림받은 동물은 다시 입양되어도, 이미 몸과 마음에 상처를 많이 입은 상태인지라, 더 많은 관심과 학습이 필요하다. 유기동물에 대한 안쓰러움에 입양할 마음을 먹었지만, 도저히 함께 할 자신이 없어 다시 버리는 일이 반복된다면, 동물 입장에서는 또 한 번의 상처를 입는 셈이다. 이런 일이 발생되지 않도록, 반려자들이 동물을 진짜 가족처럼 생각하는 마음을 갖는 것도 중요하다고 생각한다.

과연 우리에게 반려동물을 버리고 그들을 안락사 시킬 권한이 있는가에 대한 질문도 스스로 던져볼 필요가 있다. 우리가 자신의 생명을 존엄하게 여기듯, 동물도 마찬가지일 테니 말이다.

아프리카에서 평생 병들고 아픈 사람들을 돌보았던 슈바이처 박사는 동물에 대한 사랑도 지극했다고 한다. 그는 "우리는 살려는 마음으로 가득 찬 생명들과 함께 살아가고 있는 한 생명이다"라고 말했다. 결국 사람처럼 동물도 마찬가지로 자연의 자식이지, 우리의 소유물이 아니란 뜻이다. 그리고 그런 생명체를 '두려워하는 마음'으로 대해야 한다고 덧붙였다. 그것이 우리가 이루어야 할 새로운 문명일 것이다.

동물실험이 연구법의 최선일까?

대학과 병원, 농장뿐 아니라 제약회사나 화장품 회사, 식품 회사 등에서는 아직도 동물실험이 진행 중이다. 동물의 유전적인 특징이나, 그들의 성장과정, 행동양식을 관찰하는 순수한 조사뿐만 아니라 이종이식, 약물 반응 검사, 심지어 독극물에 대한 반응 검사까지 동물들을 대상으로 실험을 한다. 통계에 의하면 전 세계적으로 해마다 3억 마리 정도의 동물이 실험동물로 쓰이고 있다. 실로 어마어마한 숫자 아닌가. 그렇다면 실험에 쓰인 동물들의 최후는 어떨까?

불행히도 대부분 안락사를 당한다. 동물 실험에 대해 찬성하는 이들은, 동물실험으로 인해 현대의학의 발전이 있었고 이로 인해 수많은 사람들을 살릴 수 있었다고 말한다. 반면 반대하는 이들은 동물 역시 사람처럼 실험에 이용당하지 않을 권리가 있다고 말한다. 또한 사람과 동물이 공유하는 질병이란 고작해야 1.16%에 불과하므로, 동물실험의 결과가 반드시 사람에게 도움을 주진 않는다고도 이야기한다. 실제로 그동안 동물실험을 통해 문제가 없다는 결론을 내린 후, 사람에게 적용한 약물로 인해 사망자들이 속출하는 경우가 많았다.

🐾 동물실험이 반드시 사람을 살리진 않는다

그 어떤 이유를 떠나서, 실험의 표본이 되는 동물들의 모습을 본다면 누구나 끔찍해 두 눈을 감아버리고 말 것이다. 멀쩡한 토끼의 눈에 독성이 강한 물질을 주입한다거나, 토끼털을 모두 깎아버린 뒤 맨살에 주사를 놓는 등의 모습 말이다. 또 여성의 아름다움을 위해 만들어지는 수많은 화장품들만 하더라도 그렇다. 마스카라의 경우 동물들의 눈에 계속 바르고 찔러보아 죽지 않고 견딜 수 있는지를 실험한다고 한다. 그때 동물들이 느껴야할 공포에 대해 생각해보라. 너무도 가여운 일이다.

최근 호주에서 동물 반대 포스터가 논란에 휩싸인 적 있다. 포스터의 사진 속에는 여성의 한 쪽 눈이 흐물흐물해져 진물이 흘러내리는 모습이 담겨있다. 보기에는 참 끔찍한 이 포스터가 전하는 메시지는 '입장 바꿔 생각해보자'이다. 동물실험 시 동물에게 행하는 것을 사람에게 행한다면 이런 처참한 상황이 된다는 뜻이다. 보기에 얼마나

잔인하고 폭력적인지, 호주의 광고심의위원회가 광고 금지 처분을 내렸을 정도다. 하지만 이것이 동물들에게 가해지는 폭력의 현주소라는 것은 매우 유감스럽지 않은가. 유럽연합은 일찍이 동물실험에 대해 3R 정책, 즉 동물실험 이외의 대체방법 강구(replacement), 최소한의 동물만 사용(reduction), 실험동물의 고통 최소화(refinement)를 약속했지만, 현실에선 잘 지켜지지 않고 있다.

나 또한 동물실험의 결과가 오롯이 사람의 그것과 같을 거라고 믿지 않는다. 생각해보자. 실험을 위해 좁은 곳에 가둬진 채 독극물 주사를 맞고, 몸의 안테나와도 같은 털을 모두 깎인 동물들의 상태가 어떨지 말이다. 분명 극심한 공포에 휩싸여 있을 게 분명하다. 그런 상태에서 실험한 결과가 과연 신빙성이 있을까? 쥐들의 경우엔 번호표 대신 발가락 개수를 자름으로써 순서를 매기기도 한다. 고작 우리 입장에서 구분하기 편하자고, 동물에게 끔찍한 고통을 주는 것이다. 이런 상태에서 진행되는 실험이란 분명 오차가 클 수밖에 없다. 사람 역시 인성 검사 하나를 하더라도, 정서가 안정적일 때 실시해야 제대로 된 결과가 나오지, 불안해서 심장박동이 불규칙한 상태에서 임하는 테스트가 정확할 수 없듯 말이다.

🐾 소비자들의 선택이 동물을 살린다

첨단 과학의 시대를 사는 우리에게 과연 동물실험을 대체할 방법이 없을까? 분명 연구해보면 있을 것이다. 게다가 화장품이나 세제용

품의 경우 동물 실험의 검증을 거치지 않고도 안심하고 사용할 수 있는 수천가지 천연 원료들이 있다.

  동물의 권리에 대한 관심이 커지면서, 동물실험에 대한 반대의 목소리도 거세지고 있다. 그리고 동물실험을 반대하기 위해 피켓을 들고 구호를 외치지 않아도 우리 모두 이 움직임에 동참할 수 있다. 생활용품 등을 구매할 때, 깐깐하게 동물테스트를 하지 않은 제품을 고르는 것, 즉 동물실험을 한 제품에 대한 불매운동을 할 수 있는 것이다. 아름다움을 위한 치장의 대가가 반드시 겁에 질린 동물의 공포일 필요는 없을 테고, 동물보호를 위해 동물테스트를 하지 않는 기업들도 많이 있기 때문이다. 이런 노력들만 지속돼도 해마다 끔찍하게 자행되는 비윤리적인 동물실험의 횟수를 줄일 수 있지 않을까?

동물의 위기는 곧 인간의 위기이다

최근 몇 년 우리나라만 해도 여름의 반 이상이 비가 오는 날이었다. 겨울엔 몇 십 년 만에 최고의 한파가 닥치더니, 영하 10도 이하의 날들이 장기간 지속됐다. 게다가 간절기인 봄, 가을은 좀처럼 만끽하기가 쉽지 않다. 우리나라뿐 아니다. 북반구 전체에 이런 기현상들이 일어나고 있다.

이와 같은 기상이변의 원인은 모두가 알다시피 지구온난화 때문이다. 전문가들은 지구온난화가 급속도로 진행되고 있는 이유 중의 하나로, 지구 자기장의 약화를 이야기한다. 치명적인 우주 방사선으로부터 지구를 보호해주고 있는 것이 바로 지구 자기장인데, 태양 흑점 활동이 활발해져 자기장이 점차 약해지고 있다는 것이다.

환경오염 역시 지구온난화를 부추기는 주범이다. 생태학자 레스터 브라운은 "이미 우리의 지구는 보이지 않는 자연의 문지방을 넘어섰으며, 우리가 알아보지 못하는 마감시간을 위반하고 있다"고 말했다. 자연이란 본래 스스로를 정화시키는 자정작용이 있지만, 지금의 파괴속도로는 더 이상 자정작용을 기대할 수 없을 것이라는 경고인 셈이다.

😺 펭귄을 박물관에서만 보게 될 수도

동물들 역시 수난시대를 맞이했다. 지구온난화로 수온이 올라가면서 이들 역시 멸종위기에 처했기 때문이다. 유엔정부간기후변화위원회는 앞으로 해수 온도가 10년마다 0.2℃씩 오를 것이라고 전망했다.

해수온도 상승으로, 남극을 상징하는 동물인 귀여운 펭귄들을 더 이상 볼 수 없을지도 모르겠다. 이상기후로 남극에 눈이 아닌, 해빙으로 인한 폭우가 쏟아져 펭귄들이 얼어 죽고 있기 때문이다. 〈남극의 눈물〉 같은 지구환경을 다루는 다큐멘터리에서 아기 펭귄이 추위에 오들오들 떨고 있는 모습을 보고 있노라면, 우리가 얼마나 동물들에게 못할 짓을 하고 있는지 부끄럽기 짝이 없다. 이미 어린 아델리 펭귄의 수가 80% 이상 줄었다고 한다. 이 속도로 가다간 10년 안에 이들은 마치 공룡처럼 박물관에서나 볼 수 있는 상상의 동물이 될 것이다.

우리의 욕심 때문에, 어획량을 과하게 늘려 더 이상 쉽게 볼 수 없

는 바다생물들도 많다. 건강과 피부에 좋다는 이유로 무리하게 남획한 탓에 철갑상어는 멸종위기에 처했으며, 대서양과 인도양의 참치 역시 이미 씨가 마른 상태라고 한다. 지구 자기장의 변화 역시 동물들의 멸종을 부추기고 있다. 우리나라만 해도 지난해에 특정 지역에서 불과 일주일 만에 무려 140여 마리의 돌고래가 죽은 채 발견되기도 했다.

 산란기가 되면 알을 낳기 위해 태어났던 강으로 거슬러 올라오는 연어가 귀소하지 못하고 있으며, 봄의 전도사인 제비가 봄이 되어도 좀처럼 날아오지 못하고 있다. 이들은 모두 지구 자기장을 감지하여 이동하는 동물들이다. 즉 자기장은 이들에게 길을 안내하는 내비게이션 역할을 하는데, 내비게이션이 제대로 작동하지 않고 있는 것이다.

🐾 결국 답은 동물에게 있다

　동물들이 제대로 서식하지 못하는 환경은 결국 사람에게 해를 끼치게 되어 있다. 동물들이 환경을 보존하는 역할을 하기 때문이다. 새들은 열매나 씨앗을 먹고, 다른 곳으로 날아가 배설을 한다. 그러면 자연스레 그곳에서 싹이 트고 식물과 나무들이 자란다. 수중에 배설하면 수중식물이 되는 것이고, 물고기들이 살아갈 수 있는 환경이 형성되면서 수중 생태계가 유지되는 것 아닌가. 그러니 철새들은 우리에게 꼭 필요한 존재다. 개미나 벌들 역시 씨앗을 들고 이동하다 떨어뜨리고, 이런 씨앗들이 바람에 의해 골고루 퍼지게 된다. 동물만큼 자연을 풍요롭게 만드는 이들이 또 있을까. 또 이렇게 자란 나무들이 바로 우리에게 산소를 제공해주고 자정작용을 해준다. 심지어 박테리아 역시 죽은 생명체를 재순환해서 공기와 흙에 있는 영양소의 균형을 맞추는 역할을 해주니, 얼마나 고마운 일인지.

　그런데 이런 역할을 하는 동물들이 지구에서 사라져가고 있는 것이다. 결국 생태계가 망가지면, 자연은 더 이상 자정작용을 할 수 없다. 이미 유럽에선 이로 인해 피부병이 극심해지고 있다고 한다.

　결국 우리 인간의 욕심으로 지구가 점점 뜨거워지고 있다. 이미 병들어버린 지구를 원래대로 되돌리려면 최소 1000년이 필요하다는 연구결과도 있다. 1000년이라니, 파괴한 시간에 비하면, 너무나 긴 시간이다. 하지만 동물과 함께한다면, 그 시간을 조금은 단축시킬 수 있다. 이것이 우리가 동물을 사랑해야 하는 이기적이지만, 절실한 이유이다.

  '동물을 사랑하자'는 구호를 아무리 들어도 마음이 움직이지 않는 사람도, 자신의 생존과 직결된 현실적인 문제임을 깨달을 땐 변화할 수밖에 없지 않겠는가? 나는 사람들이 이렇게라도 생각해줬음 좋겠다. 나 자신을 위해서, 사람을 위해서라도, 동물과 더불어 사는 삶이 절실히 필요하다고 말이다.

에필로그

받은 만큼 돌려주는 사랑,
바로 동물의 사랑입니다

나이 들수록 중후하고 인자한 미소를 더하는 영화배우 조지 클루니를 좋아합니다. 그가 등장하는 영화들은 꼭 챙겨보는 편인데, 최근에 그가 주연한 영화 〈디센던트〉를 보면서 든 생각이 있답니다.

'그의 반려동물인 돼지 맥스가 없었다면, 지금 저 배우를 볼 수도 없었겠지?'

조지 클루니에겐 무려 18년을 함께 한 반려동물인 돼지 맥스가 있었다고 하네요. 그런데 지난 1994년, 침대에서 정신없이 자고 있던 조지 클루니의 옆구리를 맥스가 쿡쿡 찔러대는 바람에 그는 눈을 떠야 했습니다. 그리고 그로부터 3분 후에 그 도시에 지진이 일어났다고 합니다. 그러니 맥스가 없었다면 저렇게나 멋지게 영글어가는 배우의 모습을 못 보게 됐을지도 모르는 일 아닌가요? 그 역시 그런 맥스가 병으로 세상을 떠날 땐 뜨거운 눈물을 흘렸다고 합니다.

중국에서 고작 두 살 난 강아지 시시는, 반려자였던 할머니가 세상을 떠나자, 안타깝게도 보름 후에 할머니를 따라 세상을 떠났습니다. 할머니 침대에 앉아 온몸을 떨며 눈물을 흘리면서 오직 할머니가 쓰던 침대만 지키다가, 굶어서 세상을 뜬 겁니다.

교감을 하다 보면 동물들의 깨끗하고 순수하며 충직한 마음씨에 새삼 놀라고 감동할 때가 많답니다. 우리가 그들에게 건넨 사랑보다 더 큰 사랑을 그들이 우리에게 주고 있다는 생각이 들 때가 한두 번이 아니지요. 언젠가 길 잃은 치매 노인을 따라나선 개가 한파 속에서 할아버지를 체온으로 덮혀주어, 구사일생으로 살게 했다는 뉴스도 보았습니다. 불치병에 걸려 항상 산소통을 들지 않고선 외출을 할 수 없는 꼬마 옆에서, 기꺼이 무거운 산소통을 들어주는 개의 사연도 보았고요.

이처럼 가족을 위해 기꺼이 목숨과 열정을 바치는 것, 그것이 바로 동물의 사랑이랍니다.

그런 그들이 지금도 길거리에 버려져 추위와 배고픔에 떨고 있습니다. 그럼에도 그들과 교감을 해보면, 자신을 버린 반려자를 원망하지 않는다고 말합니다. 하지만 이미 유기된 동물들은 정신적으로 깊은 상처를 받고 만신창이가 되어 있어 치료를 필요로 합니다. 반려자에게 버림받고 새 주인을 못 만나 안락사 되기만을 기다리는 가엾은 동물들은 또 얼마나 많은가요? 그들은 우리의 작은 온정에 목숨까지

내놓는데, 우리는 너무 쉽게 그들을 외면하고 있는 게 아닌지, 함께 반성해볼 일 아닐까요? 장난삼아 혹은 홧김에, 말없는 동물이라고 학대하는 일도 사라졌으면 합니다. 어버이날 반려자에게 꽃을 주지 못해 가슴이 아프다는 강아지도 있었습니다. 그렇게 예쁘고 사랑스런 강아지에게 너무 가혹한 일입니다. 법이나 정책 등을 떠나 우리의 양심에 기대어 한번쯤 생각해보았으면 좋겠습니다.

동물이 아프면 자연이 아프고, 자연이 아프면 다시 우리 사람이 아프게 됩니다. 우리는 그들의 주인이라는 사고방식에서 벗어나 함께 공존하며 살아가는 생명체라고 자꾸 인식해야 합니다. 동물과 사람이 함께 더불어 살아가는 행복한 세상이 오길 간절히 바라봅니다.

끝으로 이 책을 쓰는 데 많은 도움을 주신 고마운 분들과, 항상 저에게 큰 가르침을 주는 동물들에게 깊은 감사를 드립니다.